ごった煮のおもしろさ

『熊野山略記』を読む

桐村英一郎

はる書房

まえがき

『熊野山略記《くまのさんりゃっき》』は本宮《ほんぐう》・新宮《しんぐう》・那智山《なちさん》から成る熊野三山の由来、聖地たる理由、祭礼などについて一巻ずつまとめた古文書で、「熊野権現《ごんげん》三巻書」とも呼ばれる。その成立が中世にまでさかのぼれると考えられる貴重な史料である。

熊野の歴史に首を突っ込む人は、どこかでこの文書に遭遇する。私も地元に残る坂上田村《さかのうえのたむら》麻呂《まろ》の鬼退治伝説の背景を探ったり、熊野本宮大社の旧社地・大斎原《おおゆのはら》について語ったりするとき『熊野山略記』を活用した。

不思議なのは、それほど名の通った古文書なのに、これまで本格的な解説書や「読み下し」「口語訳」が出ていないことだ。あるのはいくつかの翻刻《ほんこく》（写本などを活字化したもの）だけ。私の知るかぎり、『熊野那智大社文書』第五、地方史研究所編『熊野』、『神道大系　神社編四十三　熊野三山』がその翻刻を載せている（注1）。

なぜそれ以上に進まなかったのか。その理由を何人かの研究者に聞くと、「いろいろな史料・資料が使われ、どのように類聚《るいじゅう》（同種のものを集める）されたのか成立事情が分かりにくい」「三山の言い伝え、各種文書の引用、仏教用語などが入り組み、下手に踏み込むと泥沼に陥り、ほかの仕事ができなくなる」「有力社寺の学僧などが書いた漢文は読みやすいが、この手のものは苦労する」といった反応が返ってきた。いわば「ごった煮」文書、それも三山それぞれの自慢話を収容した寄せ集めなので、きれいに分析できない。そんなことが何となく敬遠されてきた背景にあるようだ。

「それなら自分でやってみよう」と『熊野那智大社文書』の翻刻を使わせていただき「読み下し」に挑戦したものの、漢文に加え、次々と出てくる仏教・修験道用語にてこずった。それでも友人たちのお知恵を拝借し、なんとか最後までたどり着き、仏教用語などに注を加えた。

だがそれだけでは「素人の読み下し」作品にとどまってしまいかねない。私が『熊野山略記』に惹《ひ》かれたのは専門家が敬遠したまさにその理由、この文書の「ごった煮」「自分勝手な寄せ集め」という性格にある。「何でも利用しよう」といった姿勢がいかにも熊野らしく、親しみを覚えるのだ。

ならば自分が感じた『熊野山略記』の面白さを、その登場人物に焦点を当てて書き出してみよう。そして「読み下し」の節々に自分なりの解説をつけるという二本立てにしてはどうだろう。そう考えてまとめたのが本書である。

本書は三部から成る。第一部「主人公の諸相」はこの文書に対する私の視点を八つの話にまとめた。第二部は熊野那智大社蔵の『熊野山略記』の翻刻を原本として、その「読み下し」に随時、言葉の説明と解説を付けた。また第三部は読者の参考のために、熊野那智大社の許可を得て、同翻刻をそのまま転載した。

（注1）熊野那智大社発行『熊野那智大社文書』第五、一九七七年、地方史研究所編『熊野〈増補新版〉』原書房、一九八二年、神道大系編纂会編『神道大系　神社編四十三　熊野三山』一九八九年。

ごった煮のおもしろさ
『熊野山略記』を読む

目次

まえがき 3

第一部 主人公の諸相

第一話 いつ、誰が、何のために 12
第二話 猟師の妻の不倫 20
第三話 海の民、南蛮 28
第四話 謎多き人物、裸形 36
第五話 熊野三党のルーツ 43
第六話 数説ある権現の出自 50
第七話 影が薄い役行者 61
第八話 那智の修験者たち 68

第二部　『熊野山略記』読み下しと解説

巻第一　本宮縁起　85

巻第二　新宮縁起　106

巻第三　那智山瀧本事　160

第三部　『熊野山略記』翻刻

熊野那智大社蔵（『熊野那智大社文書』第五 所収）

巻第一　本宮縁起　208

巻第二　新宮縁起　216

巻第三　那智山瀧本事　236

あとがき　253

第一部

主人公の諸相

第一話　いつ、誰が、何のために

「熊野権現三巻書」とも呼ばれる『熊野山略記』の三巻がそろっているのは熊野那智大社蔵のものである。各巻の冒頭に「熊野山略記巻第一　類聚諸記　本宮」「熊野山略記巻第二　類聚諸記　新宮」「那智山瀧本事《たきもとのこと》」と記されている（注1）。それぞれ本宮、新宮、那智山に関する縁起や記事である。

そこに奥書はない。この文書を載せている『熊野那智大社文書　第五』の解題《かいだい》によれば、戦国時代末期、桃山時代に至る間の写本であろうとされている。私も翻刻されたこの三巻書を用いた。

ところが、『熊野山略記』が中世にさかのぼる文書ではないかと思わせる写本が戦前に見つかった。その事情を熊野那智大社（当時は熊野那智神社）の宮司だった松井美幸氏は昭和十七年（一九四二年）に次のように述べている。

先年奈良県の奥地より、奇異なる経路を以て熊野縁起の一巻を入手した。巻首は汚損し一部分缺《か》けてゐるが、料紙も熊野独特の那智紙の味に近く、筆跡も一貫してゐ御家流の混入しないものである。内容は三山の諸縁起類を纏《まと》めたもので、熊野三巻書に近いものであるが、奥書に

干時《ときに》永享弐年八月中旬
熊野那智山瀧本《たきもと》護摩堂於東窓書畢《おえる》　筆者　良任
持者瀧本千日籠《こもり》　明存房

と記してゐる。（注2）

松井氏は昭和九年三月から昭和十九年七月まで同社の宮司を務めた。彼は文書が奈良県のどこで、いつ発見されたか語っていないが、昭和十七年からさほど離れていない時期の出来事だろう。

奥書の永享二年は一四三〇年。室町時代中期にあたり、将軍は足利義教《よしのり》だった。その年の八月、那智の瀧（滝）本＝大滝のあたり、にあった護摩堂で良任という人物が書写を終えた、と書いてある。写本は瀧本で千日籠の修行をした明存房が授受したとあるから、二人とも千日籠をした修験者（山伏）であろう。

奥書の日付を信じるならば、『熊野山略記』の成立は永享二年以前となる。新たに発見され

た文書は三巻書の巻第二・新宮縁起に相当する。新宮縁起だけが作られたことは考えにくいから、三巻とも那智の瀧本で類聚《るいじゅう》（同種のものを集める）されたとみていいのではなかろうか。

類聚された時期について、和歌山県立博物館の大河内智之主任学芸員は「室町時代前期ではないか」と推測する。そのころ那智の修験が成立し、また滝修行のシステムも出来上がった、と判断しているからである。

一方、三巻がそろった文書の三山の縁起の写本にいずれも「青岸渡寺尊勝院《せいがんとじそんしょういん》」と記されているのは、瀧本の修験者たちを統率していた尊勝院が深く関わったことを示唆しているが、そのことはまた後で触れたい。

『熊野山略記』は熊野三山で活躍した修験者たちのネットワークで作られた、と私は思っている。

修験道は古来の山岳信仰や原始的な呪術《じゅじゅつ》に八百万《やおよろず》の神々を信奉する神祇《じんぎ》信仰がかぶさり、それを仏教（真言・天台密教）の教義が補強した。また道教や陰陽道《おんみょうどう》の思想も取り入れられた。それは何事も排除せず、受け入れる熊野の風土と土壌にあった信仰・思想といえよう。

後に示すように、『熊野山略記』には『大峯縁起』『長寛勘文《ちょうかんかんもん》』などの文書から自由奔放に引用し、それらを三山の言い伝えにくっつけるという作業の痕跡があちこちにうかがえる。その「寄せ集め」「ごった煮」ぶりに同書の価値を疑問視する向きもあろうが、私にはそのこと自体がいかにも熊野らしく映る。熊野は神も仏も、女人も病者も受け入れる包容力のある場所である。いろいろな宗教や信仰、呪術をミックスした修験道に通じ、「神棚と仏壇を拝む」日本人の心情にも合うのではないか。

　三山と修験の歴史的関わりを見ると、本宮は吉野・大峯に向かう大峯奥駈《おくがけ》道の出発点であり、長床衆《ながとこしゅう》と呼ばれた長期滞在の客僧たちが礼殿《らいでん》（拝殿）にたむろしていた。本宮では衆徒と社家が神事を執り行ったという。

　新宮は背後の神倉山が山伏の修行の舞台となった。また衆徒・神官・社僧の三種の人びとから成り、それを「三方社中」と呼んだ。宮家準《ひとし》氏は中世の衆徒について「衆徒は、政務、兵事にあたる者で僧形、妻帯であったが、南北朝以後は俗体となった」と書いている（注3）。

　ユニークなのは那智山である。古くから、神社に付きものの神官や禰宜《ねぎ》はおらず、すべての祭事を社僧が仕切っていた。その多くは大滝やその背後の山々、数多い滝、巌窟などで修行した修験者であった。紀州藩の地誌である『紀伊続風土記《しょくふどき》』は那智山の社僧坊舎の項で「那智山は禰宜神主なく皆社僧なり　社僧に清僧あり妻帯あり」と記す（注4）。これは江戸後期の記述だが、「皆社僧」という点は中世も同様だったと思われる。

『熊野山略記』は三山それぞれの由来、成り立ちなどを類聚したもので、そこに修験者たちが深く絡んだとして、ではなぜ取りまとめの場所が本宮でも新宮でもなく那智山だったのだろうか。

私はその理由のひとつは、熊野三山の中心軸が新宮→本宮→那智へと移動し、この文書が類聚されたと思われる中世は那智山が三山の中軸であったからだと考えている。

熊野三山はまず本宮と新宮が結ばれ、そこに那智が加わって十一世紀末ごろ成立したとされている。中央の朝廷から最初に注目されたのは熊野川河口に位置し、海運の便もあった新宮だった。

平安時代に作られた『新抄格勅符抄《しんしょうきゃくちょくふしょう》』という法制書がある。その中に全国の社寺の封戸《ふこ》（律令制下で封禄《ほうろく》として与えた戸。そこからの租税が社寺の収入になる）を記した大同元年（八〇六年）の牒《ちょう》（公文書）があり、こう書かれている（注5）。

熊野牟須美神《むすびのかみ》　四戸　紀伊　天平神護二年奉充《あてたてまつる》

（中略）

速玉神　四戸　紀伊　神護二年九月廿四日奉充

これは熊野の神に朝廷が神戸《かんべ》を与えた、言い換えればその神（神社）を公認した最初の記録だ。天平神護二年は七六六年にあたる。「熊野牟須美神」について「本宮の祭神だ」という説があるが、私はともに新宮の祭神だと思う。

新宮の神（速玉神）はその後、本宮の神（熊野坐神《くまのにますかみ》）と激しい昇格レースを演じる。速玉神が先行し、両神が正一位の最高位で並んだのは天慶三年（九四〇年）だった。

当初は新宮に後れを取った本宮だが、九〇七年の宇多法皇《ほうおう》から上皇や法皇の熊野御幸が始まると、新宮のお株を奪い、熊野の中心となっていった。院や貴族の熊野詣は「阿弥陀浄土」である本宮で、家津御子《けつみこ》神の本地仏《ほんじぶつ》である阿弥陀如来に現世の安寧《あんねい》と極楽浄土を願う旅だったのである。

熊野三山の中心軸は後鳥羽上皇が鎌倉幕府倒幕に失敗した承久《じょうきゅう》の乱（一二二一年）以降、中世になると本宮から那智に移行する。この背景には那智を「観音浄土」とする観音信仰の高まりがあった。貴族だけでなく武士や農民、庶民と幅広い人々が那智山をめざした。大滝という「目玉商品」を持つ那智の修験者（社僧）が『熊野山略記』の取りまとめ役になるのは自然なことであった、と私は思う。

最後に、三巻書は「何のために」作られたのか。

師から弟子に秘密裏に相伝《そうでん》された『大峯縁起』ほどではないにしても、『熊野山略記』は参拝者に公にしたような文書ではない。それは堂宇の奥に大事に保管され、一部の人びとにだけ閲覧が許されたものだったろう。永享二年の奥書のある写本に「瀧本の護摩堂の東窓に於いて八月中旬に書写し終えた」と書かれているのは、その作業を許された人物の誇りを物語る。

熊野三山には「日本第一大霊験所」「根本熊野三所権現」などと書かれた勅額《ちょくがく》が掲げられていた。「大霊験所」とは修験道の根本道場という意味だ。熊野は全国の修験霊地の中心で、その霊験とありがたさを著したのが三巻書である。類聚にあたった修験者たちには、そんな気負いがあったことだろう。

とはいえ、三巻書には本宮、新宮、那智山それぞれの自慢と思惑が反映しており、それを統一したり削ったりしなかったところに面白さがある。本宮は「犬飼（猟師）によるカミ祀り」という言い伝えに「熊野権現の飛来伝承」をくっつけて祭祀の古さを誇示し、新宮は天竺（古代インド）の王族と地元の豪族・熊野三党を系図で結び三党が権現の正統な祭祀者であると喧伝《けんでん》する。

そうした中で、取りまとめにあたった那智の関係者に「尊勝院の地位をより高めたい」との意図があったことを指摘したい。

那智山には尊勝院と実報院《じっぽういん》という二つの有力社家があり、ともに執行《しゅぎょう》職を継いで全体を支配してきた。より歴史の古い尊勝院は瀧本執行として、滝修行をする修験者たちを束ねていた。『紀伊続風土記』によれば、裸形《らぎょう》（行）上人を開基とする尊勝院は潮崎家の家系で、平家にもつながる。一方の実報院は米良《めら》家の系統で、熊野別当湛増《たんぞう》につながる家系だ。実報院は那智執行職として、瀧本以外の実権を握っていた。

その実報院が鎌倉期に尊勝院を追い上げ、それを凌《しの》ぐ勢力となったようなのだ。松井美幸氏は前述の論文の中で「実報院は天児屋根命《あめのこやねのみこと》末裔《まつえい》藤原実方《さねかた》の子泰救（第十代熊野別当）より出で鎌倉期に及び、其祖実方中将の余光と熊野別当家よりいでたるとにより、尊勝院を凌ぐ一山の勢力となり」と述べている。旧家が後から来た勢力に追い上げられるのは歴史の常である。尊勝院が実報院に対抗し、その権威や支配力を取り戻すために『熊野山略記』の類聚や編纂を意図したのかどうか。本当のことはわからないが、裸形上人や尊勝院の名があちこちに登場することから、そんな推測をしてみたくなる。

（注1）『熊野山略記』の書き出し、序文に相当すると思われる部分の最後に「全部で二十巻になる」とあるが、三巻書がそれに相当するのか、ほかにもあるのか、はわからない。
（注2）松井美幸述「熊野と熊野三山に関する私見」官幣中社熊野那智神社編（複刻版）『熊野三山とその信仰』名著出版、一九八〇年に所収。
（注3）宮家準著『熊野修験』吉川弘文館、一九九二年。
（注4）『紀伊続風土記㈢』歴史図書社、一九七〇年。
（注5）『国史大系　第二十七巻』吉川弘文館、一九六五年。

第二話　猟師の妻の不倫

『熊野山略記』の巻第一・本宮縁起のハイライトは、熊野三所権現が唐からはるばる飛来して、本宮大社の旧社地の大湯原《おおゆのはら》（大斎原）で猟師の前に示現《じげん》、自身を名乗る場面だろう。そのくだりは前半が十二世紀後半の文書『長寛勘文』（注1）の中で引用された「熊野権現御垂跡《ごすいじゃく》（迹）縁起」のほぼ丸写し（注2）、後半は『熊野山略記』独自の後日談である。

権現が自らを名乗った後の話があっけらかんとして面白いが、まずは飛来の経緯を今の言葉で紹介しよう。

昔、唐の天台山の王子晋（地主神）が日本にやって来られた。

まず九州の彦山峯（福岡・大分県境にある英彦山《ひこさん》）に天降《あまくだ》った。その形は高さ三尺六寸の八角形の水晶だった。

四年後、伊予国の石鉄峯《いしづち》（四国の最高峰・石鎚山）に渡られた。

六年後、淡路国の遊鶴羽峯《ゆづるは》（諭鶴羽山）に渡られた。

六年経った年の三月二十三日、今度は紀伊国無漏《むろ》郡切目山《きりめのやま》（和歌山県印南町《いなみちょう》の切目王子あたり）の西の海の北岸の玉那木《たまなぎ》の渕の上に立つ松の木に渡られた。

そこで六十年を過ごされた年の三月二十三日、熊野新宮の南にある神倉峯（新宮市の神倉山）に降りられた。

さらに六十年後、新宮の東に鎮座する阿須賀社《あすか》（今の阿須賀神社）の北、石淵谷《やぶちだに》（熊野川の対岸、三重県紀宝町鵜殿《うどの》の貴禰谷《きねがたに》神社付近）に勧請された。そこで初めて「結《むすび》早玉《はやたま》、家《け》津美御子《つみみこ》」と申され、二つの社殿に祀《まつ》られた。

次に十三年が経過、（熊野権現は）本宮の大湯原（熊野川・音無川《おとなしがわ》・岩田川がつくる中洲）に立つ一位《いちい》の木の三本の梢《こずえ》に三枚の月形として天降られた。

その八年後、石田河《いわたがわ》（奈良・和歌山県境に発し、紀伊水道にそそぐ富田《とんだ》川）の南に住む熊野部の千与兼《ちよかね》という犬飼（猟師）が長さ一丈五尺（約四・五メートル）もの大猪を射た。その後を追って石田河をさかのぼり、大湯原まで行くと、くだんの猪は一位の木のもとで死んでいた。千与兼はその肉を食べて、木の下で一夜を過ごした。（目覚めて、ふと見上げると）一位の木の梢に月が三つに分かれてかかっているではないか。

犬飼は「なぜ大空を離れて、そんなところにいらっしゃるのですか」と尋ねたところ、月はこう答えた。

「我は熊野三所権現である。一社は證誠大菩薩《しょうじょうだいぼさつ》(本宮大社の主祭神・家津御子大神)で、二枚の月は両所権現(結早玉。那智大社の主祭神・夫須美《ふすみ》大神と速玉大社の主祭神・速玉大神)である」

と、ここまでは「熊野権現御垂跡縁起」からの写しだろう。一位はイチイ科の常緑針葉樹。この木から古代の高官の笏《しゃく》を作ったことから「一位」と呼ばれたとの説がある。ドングリが採れるイチイガシはブナ科の常緑高木で別種だが、熊野では三所権現が示現した木はイチイガシではないかともいわれてきた。

興味深いのは『長寛勘文』に載っていない続きの話だ。

(神の示現に遭遇した)犬飼は三本の木のもとに柴で造った宝殿を建て権現を祀り、そこで数日を過ごした。

一方、石田河の犬飼の家に、とある修行僧が訪れ宿を請うた。犬飼の妻に「主人はどうしたのか」と聞いたところ、妻は「夫は一丈五尺もある猪を射て後を追いかけて出て行ったまま帰ってきません。普通とは違う大きさだったから、たぶん食べられて死んでしまったのではないでしょうか」と答えた。それを聞いた僧は彼女に誘い掛け、共寝した。

数日後、くだんの犬飼が家に戻ってきた。「どこに行っていたのか」と尋ねた僧に対して彼は「熊野権現の天降りをこの目で見ました」と出来事を語った。僧は犬飼の案内で大湯原に出向き、本宮三社に参詣した。紀伊国の人びとにも権現のことを伝えたこの僧の名は禅洞上人という。

修行僧が犬飼の妻を誘惑するくだりの原文は「僧其女語誘相宿（僧その女を語らい誘いて相宿《あいやど》す）」といたく直截《ちょくせつ》な表現だ。「大猪に食べられちゃったんじゃないかしら」と語る妻。帰宅した犬飼に悪びれるでもなく、現地を案内させる僧。しかもその名前まで記している。なんともおおらかなエピソードである

それだけではない。『熊野山略記』は巻第二・新宮縁起で熊野三山を実質的に支配した熊野別当の歴代の名を並べるが、その冒頭に「禅洞上人は寺務の始めと号す」と記す。彼の名は熊野修験者の間では通っていたらしく、鎌倉時代初期の成立といわれる『諸山縁起』では「天武天皇の時代に、初めて熊野権現の御宝前に参じた」人物として挙げられている（注3）。

母系制社会という流れもあったのだろうか、古代・中世の女性の地位は結構高かったようだ。それにしても犬飼の妻はたくましい。この話は、道成寺《どうじょうじ》に伝わる安珍・清姫伝説を思い起こさせる。その原型は例えば平安時代中期に成立した仏教説話集『大日本国法華経験記《げんき》』（法華

験記）に出てくる「紀伊国牟婁郡の悪しき女」だ。

熊野参詣の途中、ある寡婦《かふ》の家に老僧と泊まった若い僧侶に、寡婦が迫る。「帰りに」との約束が破られた女は毒蛇となって追いかけ、道成寺の鐘の中に隠れた若い僧を殺す。若い僧は蛇の夫にされるが、老僧の法華経供養によって二人とも成仏する、といった筋である（注4）。

それに比べれば犬飼の妻の「不倫」は罪がないし、古代女性の倫理観の一端も垣間見させる。

『長寛勘文』は本宮の荘園で狼藉《ろうぜき》を働いた役人を裁くため、朝廷の諮問を受けた知識人たちの意見書である。長寛年間（一一六三―一一六五年）にまとめられたのでその名が付いた。そこでは「伊勢と熊野は同体か否か」が焦点となった。その中で、式部大輔《しきぶたいふ》の藤原永範《ながのり》の勘文に「熊野権現御垂跡縁起」が引用された。

「御垂跡縁起」の原型がどんなものだったか、『長寛勘文』以外の史料がないのでわからないが、その原型の一部は本宮の中洲（大斎原）にあった言い伝えだろう。そこには猟師の妻と僧の艶笑譚《えんしょうたん》も入っていたのではなかろうか。

ここで大斎原の伝承の原型から「熊野権現御垂跡縁起」そして『熊野山略記』まで、三所権現の飛来譚がどう形成されたか、私なりに推測してみたい。

伝承がいつまでさかのぼれるかはわからないが、そのオリジナルは「獲物を追って熊野川の中洲にやってきた猟師が、そこで『カミ』を体感して祀った」というものだったろう。

日本各地の霊山の開基伝承には猟師が絡んだ話が少なくない。空海（弘法大師）を高野山に案内したのは二匹の犬を連れた猟師（地主神・狩場明神の化身）だった。英彦山の開基伝承は、猟師が山中で修行していた僧に殺生を戒められ、カミを崇めたというもの。鳥取県の名峰・伯《ほう》耆《き》大山《だいせん》の開山も狼を追って山中に入った猟師がその主人公だ。東北では北上山地の早池峰《はやちね》山の開山にも地元の猟師が関係する。

日本中どこでも猟師は山の恩恵を「山の神」に祈る。本宮のような山間地で猟師がカミを祀るのは不思議なことではない。そこには稲作以前、人びとが獲物を追って山野を駆け巡った縄文時代の香りすら漂う。もちろん当初祀られた「カミ」は熊野三所権現ではなかった。それは熊野三山が成立した十一世紀ごろ以降の神格だからである。当初は本宮の古い祭神名「熊野坐《くまのにます》神《かみ》」といった素朴な名前だったのではなかろうか。

「熊野権現御垂跡縁起」では、熊野川河口の石淵谷で初めて「結早玉、家津美御子」という名で二つの社殿に祀られた。

「結早玉」の名が記録に現れる最初は『三宝《さんぼう》絵《え》詞《ことば》』のようだ。平安時代中期の永観二年（九八四年）に成立したといわれる仏教説話集である。それは「紀伊国牟婁郡《むろのこほり》に神います。熊野両所、証誠一所と名づけたてまつれり。両所は母と娘なり。結早玉と申す。一所はそへる社《やしろ》なり。この山の本神と申す」と記す（注5）。

本宮の祭神が「添える社」とは不思議な言い回しだが、私は拙著の中で熊野川の河口からやってきた勢いのあるカミ（結早玉）が在来のカミ（熊野坐神）を圧倒したのではないかと考えた（注6）。

『長寛勘文』は長寛年間の文書だから、そこに引用された「熊野権現御垂跡縁起」はそれより古いことは間違いないが、『三宝絵詞』よりさかのぼることはないと思う。

もうひとつ「熊野権現御垂跡縁起」の成立の背景を推測する手掛かりは、唐の天台山から飛来の途中の経過地にある。九州の英彦山、四国の石鎚山、淡路島の諭鶴羽山、新宮の神倉山。それらはみな修験道の霊地である。しかもそれらの地は熊野信仰、熊野修験との関わりも浅くない。つまり、その飛来ルートは熊野信仰の広がりを逆にたどったものといえまいか。

熊野権現の飛来元について、ここでは「唐の天台山」とする「熊野権現御垂跡縁起」をそのまま引用しているが、もうひとつの飛来元は天竺（古代インド）の摩訶陁《まがだ》（陀）国《こく》（摩竭陁国）だという。熊野権現はその王族の慈悲大顕王《じひだいけん》が日本にやってきた名前だというのである。それについては別に紹介するが、ルーツがふたつあっても平気でいるところに、この文書のおおらかさと面白さがある。

（注1）『長寛勘文』の「勘文」とは朝廷の諮問に対して有識者が由来や先例、古文書などを調べて上申する意見書のこと。甲斐国《かいのくに》（今の山梨県）にあった本宮の荘園を甲斐守《かいのかみ》配下の役人が荒らしたため、熊野山側が訴えた。それが「伊勢と熊野は同体か非同体か」の大論争に発展したため諮問となった。伊勢神宮と同体となれば、その荘園を犯すことは死罪にもなる大罪だからだ。この論争は結局「非同体」という結論となったようだ。『熊野山略記』は熊野三山を持ち上げ、宣伝する文書だから「同体」説である。

（注2）熊野権現が唐の天台山から飛来、本宮の旧社地で示現するまでのくだりは、「熊野権現御垂跡縁起」とそっくりなため、それを引き写したと思われるが、数字や漢字に多少の違いはある。以下に示す最初は『熊野山略記』、カッコ内は「熊野権現御垂跡縁起」の記述（『群書類従』第二十六輯《しゅう》、続群書類従完成会、一九二九年より）である。

天台山王子晋（天台山王子信）
彦山峯（日子山峯）
四年後に石鋏峯（五年後に石鐵峯）
六十年後に神倉峯（五十七年後に神蔵峯）
阿須賀社（阿須加社）
石田河（石多河）
千与兼（千与定）

（注3）『諸山縁起』は熊野山や金峯山《きんぷせん》など近畿地方の修験道の霊場の縁起や由緒を集めた文書。『日本思想体系20　寺社縁起』岩波書店、一九七五年に所収。
（注4）『日本思想体系7　往生伝　法華験記』岩波書店、一九七四年。
（注5）江口孝夫　校注『三宝絵詞　下』現代思潮社、一九八二年。
（注6）桐村英一郎著『イザナミの王国　熊野』三弥井書店、二〇一三年。

第三話　海の民、南蛮

私が初めて『熊野山略記』に接したのは十年ほど前、奈良県明日香村から熊野灘に面した熊野市波田須町《はだすちょう》に転居して間もないころだった。周辺には鬼ケ城、清滝《きよたき》、泊《とまり》観音、大馬《おおま》神社など坂上田村麻呂の鬼退治伝説が残る場所が数多い。平安時代初期、奥州の蝦夷《えみし》平定で名をはせたこの武将は鈴鹿峠を何度も越えたろうが、熊野までは来ていないはずだ。それなのになぜ伝説や伝承があるのか。そんな素朴な疑問を解くため、地方紙に連載、それを本にした（注1）。

『熊野山略記』の中にこんな話が出てくる。地元の豪族、榎本・宇井・鈴木氏（熊野三党）が乱を起こした南蛮を制圧、大将二人を殺し、もうひとりは東国に逃げて坂上田村丸に征伐された。

それにヒントを得て、私は「南蛮が鬼になり、東北から参拝者によって運ばれた英雄伝説と結びついた」「伊勢と熊野三山を結ぶ伊勢路《いせじ》沿いの社寺が、その話を自社の縁起に取り入れた」との推測を展開した。

南蛮は本来、南に住む蛮族の意。中世末から近世は中華思想をまねて、スペインやポルトガルなど西洋人をさした。『熊野山略記』では黒潮に乗って南方から来て、熊野灘沿岸に住み着いた「海の民」のことだろう。彼らはエビス（夷、狄、戎、江賓主）とも呼ばれた。

『熊野山略記』の南蛮制圧は巻第二・新宮縁起に載っている。熊野三党を引き立たせるためのエピソードのひとつである。熊野三党については別に述べるから、ここでは南蛮に焦点を当てて話を見てみよう。今の言葉に直し多少意訳すると次のようだ（名前のルビは熊野那智大社蔵の翻刻による）。


（第五十代）桓武《かんむ》天皇の治世に熊野山が蜂起し、併せて南蛮も乱を起こした。榎本・宇井・鈴木氏に討伐令が下った。当時、比叡山の衆徒だった榎本氏の嫡男《ちゃくなん》、真継律師《しんけい》を大将軍に任命しようとしたが、彼は辞退した。ところがその夜、夢のお告げがあり、その通りに真継の頭髪が伸びた。もう断れないと、三条大納言有遠《ありとう》を烏帽子親《えぼしおや》として元服した。そして天皇の勅許を受けて宰相榎本真継《まつぐ》を名のった。

（第五十二代）嵯峨天皇の弘仁元年（八一〇年）二月二十八日、真継は赤地の布に白い金剛童子を描いた旗を掲げて那智の浜ノ宮から出陣した。宇井氏の嫡男、兼純《かねすみ》判官は黒字に赤色の金剛童子の旗を掲げて紀州の日高郡から出陣、鈴木氏の嫡男、真勝《まかつ》判官は白地に黄色の金剛童子の旗を掲げて伊勢の鳥羽浦から出陣した。

南蛮の居た場所は那智と新宮の間、佐野の秋津浜、佐野の前に浮かぶ孔子《くし》嶋、（敵の大将の）愛須礼意《あいすれい》と悪事高丸の城であり、彼らの所在地は有間、三鬼《みき》嶋、九鬼《くき》嶋など各所にあった。南蛮は熊野三党に三方から攻撃され、大将の礼意と孔子は討たれた。その墓は香州坂《こうやさか》（高野坂）の上にある。高丸は東国に逃げたが、坂上田村丸に征伐された。その後、熊野は平穏になり、各地からの参詣者も安心して詣でられるようになった。人びとは熊野権現を崇《あが》めた。

新宮から高野坂を経た三輪崎港に今は陸続きになった鈴島と孔島《くしま》がある。有間は花の窟《いわや》がある熊野市有馬町、三木嶋は今の尾鷲《おわせ》市三木浦あたり、九鬼嶋は同九鬼町だろう。黒潮に乗って到来し、熊野灘沿岸に定着した「海の民」は熊野の先住者だった。それを各地からやってきて力を付けた榎本・宇井・鈴木の豪族が制圧した。このストーリーはそんな歴史を反映していると思う。

『熊野山略記』のこのくだりは、そっくりの文章が他の文書に載っている。熊野速玉大社の社家だった榎本家や鈴木家が所蔵してきた『鏡谷之響《きょうこくのひびき》』である（注2）。

ここで繰り返しはしないが、双方の当該箇所は一字一句といってよいほど同じなのである。

『鏡谷之響』は熊野権現降臨の由来を述べたもので、そのなかに熊野三党や新宮周辺の歴史名所などの記述がある。
奥書に承保二年（一〇七五年）に熊野別当の長快が記した、と書いてある。長快は第十五代別当で長年その職にあった人物だ。奥書の年号、筆者が正しいとなれば『熊野山略記』は『鏡谷之響』を写したことになるが、この奥書、にわかには信じがたい。私にはこの二つの文書の前後関係を判断する材料はない。いずれにしても、熊野三党といわれる家系に伝わった「自慢話」ふうの原本があったのだろう。

熊野三党による南蛮退治の話は、巻第二の後半に載る「新宮御殿奉納仮名書《かながき》縁起」に再登場する。前述の話と異なるのは後者には坂上田村麻呂（田村丸）の名は出てこないこと。「悪事の高丸は奥州へ落ちてソトノハマ（陸奥湾沿岸を指す外の浜、か）へ行き終わる」とあるだけだ。新宮に伝わる話としてはこちらが古く、前者は後から奥州で名をはせた英雄を付け足したのではなかろうか。

先住者が後発の勢力に敗れる。熊野でもそれは珍しくない。神日本磐余彦《かむやまといわれびこ》（神武天皇）に殺されたと『日本書紀』が語る丹敷戸畔《にしきとべ》は先住者の女首長として戦った。祖先が南から海を渡ってきた南蛮もそうだったのだろう。

海辺の民や、狩場刑部《ぎょうぶ》左衛門に退治されたという那智の「一つたたら」（踏鞴《たたら》製鉄と関係があろう）など、山間に暮らしたり、殺生をしたりする「周辺の民」「化外《けがい》の民」は平地の稲作農民らから白い目で見られ、権力に逆らえば「鬼」にされる。田村麻呂と南蛮は「退治する側」「される側」で結びつきやすいのだ。

とはいえ、太平洋に面し、黒潮が様々な文物や思想、技術、それをもたらした人びとを運んできた熊野は、「異人」に対する差別感や抵抗感が他の地域と比べて少なかったのではなかろうか。その証拠に『熊野山略記』の主人公のひとりで、那智でも新宮でも崇《あが》められる裸形《らぎょう》上人はインドからやってきた漂着民とされる。那智山青岸渡寺の沿革には「仁徳帝の時代、印度より裸形上人が一行六人と共に熊野浦に漂着され、此の地に草庵を造り観音像を祀られたのが開基とされる」と書かれている。

『熊野山略記』の巻第二には、裸形上人とエビスが一緒に登場する場面もある。今の言葉で紹介する。

孝照（第五代の孝昭）天皇の治世二十三年、猟師の是世《これよ》が新宮熊野の楠山で一丈二尺（約三・六メートル）の大熊が三頭走るのを見て、これを射んと後を追った。熊は西北の巌《いわ》の上で三面の神鏡になった。その神霊は大きく、光り輝いていた。是世はこれを仰ぎ、弓矢を折り捨てた。

そこに裸形上人が現れ、三面の鏡を覆う一宇の神殿を建て、三十一年にわたって勤行した。これが今の神蔵権現である。

裸形上人は勤行の合間に南から来た船に飲食を乞うた。そして乞うたものを権現に施した。水面を歩ける平足駄《ひらあしだ》（歯の低い下駄）を履いて、陸地のように自由自在に動いた。

ある時、南蛮の江賓主《えびす》の乗った船が難破し、七人の夷《えびす》が漂着した。そのうち三人は船を調達して帰国、四人が残留した。裸形上人は物を乞うて彼らを養育した。交易の船がなく物乞いができない時、夷たちは魚をとり、権現に供えた。この夷たちの子孫が繁昌して、新宮の氏人になった。裸形上人は如意輪観音の化身、猟師是世の前生《ぜんしょう》は熊で、今の阿須《あす》賀大行事《かだいぎょうじ》である。


この部分は『大峯縁起』の中によく似た話がでてくるから、そこから引用したと思われる（注3）。

『大峯縁起』は古代・中世の熊野大峯修験者たちが神聖視した文書である。公開はされず、限られた師から弟子にその内容が受け継がれた（相伝《そうでん》という）。修験道に詳しい宮家準氏によると、寛治四年（一〇九〇年）に熊野御幸をした白河上皇は本宮の證誠殿《しょうじょうでん》に安置された『大峯縁起』を見たという。以来、上皇・法皇や貴族は本宮で『大峯縁起』に接することが熊野詣の目的のひとつともなった。

『大峯縁起』がいつ成立したかはわからないが、宮家氏は「延暦二十四年（八〇五年）仁宗によって大綱が作られ、その後適宜に加筆されて、平安時代末頃熊野系の修験者によって完成された」と推測している（注4）。


『古事記』によれば、熊野に上陸した神武軍の前に大熊が現れて消えた。すると軍勢はみな気を失ってしまった。熊はカミの化身と見なされていたのだろう。

注目されるのは漂着した南蛮の子孫たちが繁栄して新宮の氏人になったというくだりだ。外国人や漂着民でも受け入れる。熊野のおおらかさと懐の深さがそんなところにも垣間見える。

なお、阿須賀大行事は熊野三党が先祖と仰ぐ地主神で、熊野川の河口を守る阿須賀神社の祭神だった。「阿須賀（飛鳥）大行事」のことは『大峯縁起』の内容とともに、後にまた述べたい。

（注1）桐村英一郎著『熊野鬼伝説』三弥井書店、二〇一二年。
（注2）『鏡谷之響』は『熊野速玉大社古文書古記録』清文堂出版、一九七一年に所収。
（注3）『大峯縁起』は京都大学付属図書館島田文庫蔵、天理大学付属図書館蔵などが残されている。本書では国文学研究資料館編〈真福寺善本叢刊10〉『熊野金峯大峯縁起集』（臨川書店、一九九八年）所収の翻刻を参照した。これは京大本を底本とし関連諸本を校勘した翻刻という。その『大峯縁起』から裸形上人と南蛮の関わりの

部分をかいつまんで現代文で紹介すると以下のようだ。

伊勢の内宮、外宮から三匹の熊が、新宮の方へ走っていった。これを見た猟師が射ようと思って追いかけていくと、西北の岩上で三枚の鏡にかわった。驚き恐れた猟師は弓矢をすててこれを拝した。その時裸形聖人（上人）があらわれて三枚の鏡の上に覆屋《おおいや》を作った。これが今の神蔵である。裸形聖人は三十一年にわたってこれに奉仕した。この間、裸形は平足駄を履いて海上を渡り、交易の船に飲食を乞うなどした。南蛮夷《えびす》の船が難破し、七人が漂着した。このうち三人は船を得て南に帰ったが、四人は残留した。裸形は物を乞うて彼らを養育し、四人の夷も魚を取って権現の御供えとした。夷の子孫は繁栄し、新宮の氏人になった。裸形聖人は如意輪観音、猟師の前生は熊、今の阿須賀大行事である。

（注4）宮家準著『大峰修験道の研究』佼成出版社、一九八八年。

第四話

謎多き人物、裸形

那智山で瀧本《たきもと》を取り仕切った尊勝院、廃仏毀釈《はいぶつきしゃく》の破壊を免れた如意輪堂を本堂にした青岸渡寺、いずれも裸形上人をその開基としている。

那智山を代表する行者の裸形上人は『熊野山略記』によれば、熊野川河口の地で長年修行を重ねた後に那智に移った。

第三話で紹介したように、孝照（孝昭）天皇二十三年に猟師の是世が三頭の熊が三枚の鏡に変わるのを目の当たりにした。裸形上人はその神鏡を覆う神殿を建てて、三十一年勤行した。それが神蔵（倉）権現だという。

巻第二・新宮縁起は「孝照天皇五十三年に裸形上人は岩基隈《いわもとこし》の北の新山《にいのやま》に熊野三所権現を崇《あが》め奉った。これが新宮である」と語るから、滞在の最後に今の速玉大社のあたりに堂宇を建てたということだろう。岩基隈は熊野川の乙基《おとも》河原（速玉大社の御船祭で神幸船が着く河原）の上、同社の背後にそびえる千穂ケ峯の山すその地だ。

その続きは『熊野山略記』巻第三・那智山瀧本事（那智山縁起）の冒頭部分にある。そのさわりを抄訳してみよう。

裸形上人は三十一年間神倉で勤行、新宮を建てた後、孝照天皇五十三年六月十八日、新宮を出て那智の錦浦に行った。海岸で沐浴《もくよく》しようとしたところ、海中から清浄なお湯が沸いてきた。するとにわかに海中から千手千眼観音が浮き上がり、四方に光を放った。上人は驚き、（千手観音が向かった）遥か瀧本に詣でた。時に空は晴れ、大滝は美しく映え、山の嵐は万歳の声に聞こえた。上人は信仰肝に銘じ、感興骨にしみて、ついにそこで六十余年の年月を送った。

このくだりも『大峯縁起』に似た形で出てくる。だから『大峯縁起』を基にした記述と思われる。

裸形の名は那智山縁起の「堂舎ならびに奇巖霊水の事」の項に「如意輪堂は裸形上人の庵室なり。本尊は如意輪観音、閻浮檀金《えんぶだごん》の尊像なり」として登場する。閻浮檀金は閻浮樹（インドの古木）が立つ森を流れる川で採れる高価な砂金、とされた。

那智山に移ってからの裸形は、如意輪観音を本尊とした如意輪堂を庵室とし、瀧本修行を重ねた。そして一ノ滝（大滝）の上流にある二ノ滝上の最勝峯に最勝王経を埋める。『熊野山略記』の「新宮御殿奉納仮名書縁起」は「滝の戌亥《いぬい》（北西）に高山がある。裸形上人が最勝王経を写経してそこに奉納した。そのため最勝峯と号する」と書いている。最勝王経（金光明最勝王経）は四世紀ごろに成立した大乗経典で、日本では「法華経」「仁王経《にんのう》」とともに護国三部経のひとつに数えられた。

裸形が如意輪堂や最勝峯に関わっているのは興味深い。というのは「那智山には巨大な龍が潜んでおり、その頭上に如意輪堂を建て、最勝峯の頂上は腹にあたる」と言い伝えられてきたからである。

巻第三に「那智山は神龍の伏す地、（密教が説く両界である）胎蔵界と金剛界の権現が垂迹したところだ。神龍の頭の上に如意輪堂を建て、仏法の味わい深い力で（神龍が暴れないよう）抑え込んでいるのだ」といったくだりがある。実際、水量が多いときなど大滝を眺めていると、龍神が滝つぼから天空に舞い上がろうとしているような気持になる。

龍神は水神でもある。那智山や修験道について多くの著作がある二河《にこう》良英氏は「龍は水中に住み雲を呼び、雨を起らし万物を潤す。神力と信ぜられ仏教の守護神として、崇拝された思想が那智山にも流入され、定着したのであろう」として、次のように述べている。

「胎蔵・金剛」の両界権現が垂迹して、神竜の頭上に如意輪堂を建てて竜顔となし、南方、山尾根を伝い上昇して第一の高霊峯妙法山頂は竜胸、ここより東北に下って二ノ滝（如意輪滝）上の最勝峯頂上は竜腹、更に東南に峰尾根を伝って光峰に達して竜尾となって、神滝飛竜権現を中央にして抱囲したのである。この権現を鎮護国家、五穀豊穣、万民安穏守護の神と崇信し「滝ノ宮飛竜権現成劫《じょうごう》初メテ起リシ時、滝水ト共ニ降レル難陀《なんだ》竜王ノ化現ナリ」とあって、妙法山、大雲取山の山嶺の天空に難陀竜王（水神）が存在して、時に応じて雲を呼び雨を降らせる構想となし、ナチは難陀より起こるとある秘記を勘考すれば、明らかに竜神の住み家即ち水神であり、万物育成の神と仰がれたと推断しても過言ではなかろう。（注1）

新宮と那智に足跡を残す裸形上人だが、その正体は謎に包まれている。その名から「苦行・禁欲を第一としたインドのジャイナ教、それも『白衣派』と『裸行派』があるうちの後者だったのでは」という説があるが、わからない。やってきた時期についても、青岸渡寺の沿革は「（第十六代）仁徳帝の時代、印度より一行六人と共に熊野浦に漂着され、各地を巡歴し那智大滝で修行をしておられるとき、如意輪観音を感得され此の地に草庵を造り観音像を祀られたのが開基とされる」と述べる。

仁徳は四世紀末から五世紀初めに実在した大王と言われているが、那智山がそんなに早い時代に開かれたとはとても思えない。まして『熊野山略記』がその時代と語る孝照（孝昭）天皇は皇統譜では第五代天皇とされてはいるものの、存在したかどうかにさえ疑問がある。

一方、『西国三十三所名所図会』の那智山如意輪堂の項には「十二代景行天皇の御宇《ぎょう》 何《いずこ》ともなく小船《しょうせん》風に吹はなたれ熊野の浦に漂《ただよ》ひ着く 船中に居《おる》もの七人既に六人ハ本国に帰りて一人熊野の地に住《とどま》る 是を裸形といふ」とある（注２）。景行天皇は日本武尊《やまとたけるのみこと》の父親だ。仁徳よりさらに古いから、すべて言い伝えの域を出まい。

では裸形は架空の人物かといえば、時代はもっと下るが実在し、那智の瀧本で修行した修験者だったと思う。でも私にはそれ以上迫る材料がないので、ここは三人の見解を紹介するにとどめよう。

最初は熊野那智神社の宮司だった松井美幸氏。彼はあらまし次のような人物と推測する。

① 裸行上人は「重慶」という実名を持つ尊勝院系の人で、熊野三党の血縁だった。

② 瀧本を押さえていた尊勝院のもとで、もっぱら滝修行をした。いつも裸だったため、その名が付いた。

③ 那智大社の社殿が瀧本から現在地に移転した前後の人物、すなわち鎌倉末期の人物であろう。（注３）

郷土史家の下村巳六氏は、こう考えている。

①　裸形上人は渡来した波羅門《ばらもん》（インドの司祭者階級）系の行者だった。

②　釣り（裸形上人が釣りをしたという言い伝え）は、裸形が地主神的性格の座を追われて、新興の熊野神に屈伏したことを象徴している。

③　洞窟に籠って修行し、おそらくそこに葬られた。（注4）

三人目、同じく郷土史家の遠山忠史氏の考えはこうだ。

①　裸行上人は、役行者と同様の修験者であった。日本人であり、多くの社を造った。

②　尊勝院に深い関わりのあった人物か、又は、尊勝院系図中の人であろう。そうでなければ、『熊野山略記』の中で、これほどまでに裸行を重視するはずがない。

③　遅くても天平神護二年（七六六年）以前の人物である。（注5）

三氏の見解について詳しく述べる余裕はないが、裸形上人が瀧本の修験者（山伏）を統率していた尊勝院の関係者であったことは間違いあるまい。鎌倉から室町初期にかけて、尊勝院が後発の実報院に追い上げられるという状況の中で、異色の修行者を裸形上人伝説と重ね合わせて「尊勝院の伝統と権威」を高めようとしたのではないか。その意味で、私は松井元宮司の見解に惹かれる。

（注1）二河良英著『熊野の研究』二河良英論文刊行会、一九九二年。
（注2）『西国三十三所名所図会』臨川書店、一九九一年。
（注3）松井氏・前出「熊野と熊野三山に関する私見」。
（注4）下村巳六著『熊野の伝承と謎』批評社、一九九五年。
（注5）遠山忠史氏「裸行上人伝承成立の基盤」『熊野誌』第三十五号、一九九〇年。

第五話　熊野三党のルーツ

『熊野山略記』で一番突飛なのは南蛮を制圧した熊野三党（榎本・宇井・鈴木）のルーツをたどると唐さらに天竺（古代インド）に至る、という話である。かいつまんで言うと、熊野権現はもともと古代インドの王族・慈悲大顕《じひだいけん》王であり、三党は権現が日本飛来に先立ってこの国に派遣した臣下、漢司符《かんしふ》将軍の子どもたちだとされる。「そんじょそこらの豪族とは違う、仏教が生まれ育ったありがたい国々の高貴な家筋だ」と言いたかったのだろう。

記述は数箇所に亘っているが、まずは巻第二・新宮縁起から三党が権現からその姓を賜る場面を、今の言葉で紹介しよう。

孝照（孝昭）天皇五十三年、裸形上人は岩基隈《いわもとこし》の北の新御山《にいのみやま》（新宮の千穂ケ峯の山すそ）に十二所権現（ある本では三所権現）を崇め奉った。これを新宮という。

垂迹の初め、権現は龍蹄《りゅうてい》（駿馬《しゅんめ》）に乗り、新宮鶴原《たつはら》の大高明神（現在の新宮城近くか）前の十二本の榎《えのき》のもとに降臨した。権現はまず千尾峯《ちおのみね》（千穂ケ峯）に立ち、氏人たちを召された。氏人は権現が天竺におられた時の官人千代定《ちよさだ》、その嫡子の雅顕《がけん》長者、次男の裸形上人、三男の長寛長者、長寛長者の子・比平符《ひへいふ》将軍、比平符の長男の漢司符将軍、次男の奉幣司《ほうへいし》らである。漢司符将軍は権現に先立って唐から遣わされた。

漢司符将軍の嫡子の真俊《まとし》は権現を榎のもとに勧請し、榎本姓を賜った。次男の基成《もとなり》は権現に白い丸餅を献上、丸子姓を賜った。また三男の基行《もとゆき》は馬草のための稲穂を献じ、穂積姓を賜った。この三人は以後、榎本党、宇井党、鈴木党を名乗った。

この記述の後に載っている系図（本書第二部122・123ページ、第三部222・223ページ）を併せて見るとわかるが、裸形上人まで登場して熊野三山の歴史に関わる関係者のオンパレードである。本宮大社の旧社地で熊野権現の示現を体験した犬飼（猟師）の名は『長寛勘文』の中の「熊野権現御垂跡縁起」では千与定、『熊野山略記』では千与兼になっている。系図では千与定の子が千与兼だ。彼らもそのルーツは天竺だというのだろうか。

なお丸子は後に宇井、穂積は鈴木と名乗った。南蛮を制圧したという榎本真継、宇井兼純、鈴木真勝は、それぞれ真俊、基成、基行の末裔と位置付けられている。

系図でほかに注目したいのは、熊野三所権現（結早玉、證誠大菩薩）が天竺の王族であること、熊野三党がその祖先とする飛鳥大行事（熊野川河口の守護神）は長寛長者である、とすることだ。前者については後に語りたい。

『熊野山略記』の新宮縁起には熊野三党の家系に箔《はく》を付けるための「二重の仕掛け」がある。ひとつはルーツが天竺にまで至るということ、もうひとつは「自分たちの祖先神は熊野権現より先に熊野に来て、この地を守っている」という誇りである。

巻第二の中の「新宮御殿奉納仮名書縁起」に次のような一風変わった記述がある。

飛鳥大行事は摩訶陁国《まがだこく》（釈迦当時のインドの王国）では権現の惣後見《そうこうけん》（全般的補佐役）であった。権現より以前に蘆鳥《ろちょう》神という鳥の羽に乗って、熊野にいらっしゃり、飛鳥権現と名付けられた。この神は新宮に大潮を上らせないように御戸（熊野川河口）を守っている。飛鳥の東端に御座する三狐神《みけつかみ》は宇井・鈴木・榎本の母である。

ちょっと説明が必要だろう。熊野川の河口には砂洲ができやすい。アスカという地名もアス（浅す＝川、海が浅くなる）＋カ（処）の意味ではないかと思う。河口が狭くなると大潮の際など逆流で洪水が起こる。そんな被害が起こらないよう、現在の阿須賀神社の場所に祀られたのが飛鳥大行事だった。阿須賀神社の境内に阿須賀稲荷神社が鎮座する。三狐神は同社の占い祭神だったと思われる。

和歌山県日高郡日高川町の下阿田木《しもあたぎ》・上阿田木神社の成立に関する「愛徳山熊野権現縁起」という中世文書がある。鎌倉時代に阿須賀明神がその地に勧請された。縁起の中に、出雲の地で大鰐《おおわに》に呑まれた熊野権現を阿須賀明神が救ったという話が出てくる。

この縁起について鈴木宗朔《そうさく》氏は「阿須賀明神は熊野川河口の地主神だった」「河口は『鰐の害』つまり洪水多発地帯で、同社は川の逆流と洪水に対する守護神だった」「その地主神が、新宮の地に渡来した牟須美・速玉（結早玉）の二神に主座を譲り、補佐神になった」と述べている（注1）。

「新宮御殿奉納仮名書縁起」をまとめた熊野三党の関係者には、「我々の祖先神は熊野権現を救ったのだ」という自慢もあったろう。


ところで、熊野三党はもともと何者であろうか。

南蛮の乱が桓武、嵯峨天皇の治世という平安時代初期に起きたことをある程度の事実とするならば、その時代に三党は力を付け、その後新宮を中心に社家としても勢力を増したことが考えられるが、その実態を明らかにする史料は少ない。

熊野速玉大社にほど近い三重県紀宝町鮒田《ふなだ》に牛鼻《うしはな》神社という古社が鎮座する。熊野三党とりわけ穂積（鈴木）氏の祖先神を祀るといわれ、祭神の中に高倉下命《たかくらじのみこと》が名を連ねている。このため高倉下は三党の祖先神との説がある。熊野に上陸してピンチに陥った神日本磐余彦（神武天皇）を救ったという人物である。

私は熊野・大和・伊勢を結び付ける空想物語の中で高倉下を調べ、その痕跡を追って彼が天香山命《あめのかごやまのみこと》の名で葬られたとされる新潟県の弥彦山頂まで出向いたことがある。また熊野各地に点在し、無社殿神社が多い高倉神社を回り、本にまとめた（注2）。

物部《もののべ》氏に伝わる『先代旧事本紀《せんだいくじほんぎ》』によると、高倉下は神武より早く大和に入った饒速日命《にぎはやひのみこと》の息子だから物部氏系の人物である。熊野で神武を助ける大功があったのに、なぜか越《こし》の国（現在の福井県から山形県にまたがる地域）に派遣される。「左遷」のような人事だ。

高倉下が熊野にいた理由もはっきりしない。私は父の命を受けて熊野に鉱物資源を求めたのではないかという気がするが、それも推測に過ぎず、熊野三党との接点もよくわからない。

熊野三党について気になるのは、南蛮制圧の時「榎本真継は那智錦浦（浜ノ宮）から、宇井兼純は紀州日高郡から、鈴木真勝は伊勢の鳥羽浦から、それぞれ出陣した」という記述だ。

榎本氏が熊野にルーツをもっていたことは、平安初期に成立した最古の仏教説話集『日本霊異記《りょういき》』の下巻第十話に「牟婁の僧は俗姓を榎本氏といった。官の許しを得ていない私度《しど》僧であり、僧名がない。紀伊国牟婁郡の人であった」とあることからうかがえる（注3）。

三重県教育委員会の伊藤裕偉《ひろひと》氏によれば、水運力を活かした榎本一族の活動は中世後期に顕著だが、中世前期以前にも熊野別当や中央貴族などとのつながりがあったことを示唆する資料もあるという（注4）。

穂積（鈴木）氏は鳥羽浦とどう関係するのか。私はこれといったヒントを持っていないが、下村巳六氏は「牛鼻神社で昭和の初め頃まで『興玉祭《おきたま》』という祭事がひそかに執り行われていた」ことを指摘している（注5）。二見興玉神社（伊勢市二見町）の祭神は猿田彦大神。今は海中に沈んで見えない沖合の興玉神石を遥拝したのが起源で、有名な夫婦岩は鳥居の役目を果たしているそうだ。

宇井氏からは鵜殿《うどの》氏が分かれたといわれる。熊野川河口に位置する紀宝町鵜殿の水主《かこ》衆《しゅう》たちは、熊野速玉大社の秋の例祭・御船祭で諸手船《もろとぶね》を漕ぐ役割を担っている。宇井氏の系譜については末裔の宇井邦夫氏の労作がある（注6）が、私はまだ「日高郡」との関わりを見つけられない。

これは推測だが、古代の末期に、海運陸運の要地である熊野川河口に勢力を伸ばした穂積（鈴木）、丸子（宇井）氏が地元の榎本氏を中心に豪族連合を形成したのではなかろうか。

（注1）『美山村史　通史編　上巻』（一九九五年）に所収の鈴木宗朔氏の論文「愛徳山熊野権現縁起の成立」。
（注2）桐村英一郎著『ヤマト王権幻視行』方丈堂出版、二〇一〇年。同『祈りの原風景』森話社、二〇一六年。
（注3）中田祝夫 全訳注『日本霊異記（下）』講談社学術文庫、一九八〇年。
（注4）伊藤裕偉著『聖地熊野の舞台裏』高志書院選書7、二〇一一年。

（注5）下村巳六著『熊野の伝承と謎』批評社、一九九五年。
（注6）宇井邦夫著『ウイウイエイ　熊野神社と宇井氏の系譜』現代フォルム、一九九三年。同氏は同書で『紀伊続風土記』牟婁郡安宅荘矢田村（現・白浜町矢田《やだ》）の項を紹介している。同村に「宇井我地」という小名《こな》（小字《こあざ》）があり、宇井氏の領地だった、という記述だ。しかし、そこと「宇井兼純は日高郡から出陣した」とのくだりとの関係はわからない。

第六話　数説ある権現の出自

信仰は、祀られるカミとそれを祀るヒトから成る。『熊野山略記』巻第二は①熊野三党が熊野権現を祀る正統な資格者であること、②三党のルーツは遠い天竺（古代インド）にまでさかのぼること、を主張している。では祀られる側の熊野権現はどんな出自で、どこからやってきたのだろう。

そのひとつは、『長寛勘文』のおかげで世に残された「熊野権現御垂跡縁起」が語る唐の天台山である。権現はもともと天台山の地主神だった。それが九州、四国、淡路と飛来して、新宮の神倉山に降り、熊野川の河口で「結早玉《むすびはやたま》、家津美御子《けつみみこ》」の二字に祀られ、最後は本宮の大湯原（大斎原）で犬飼の前に「三所権現」として自らを現す。それはそれで「種本」もストーリーも一貫している。

だが『熊野山略記』は権現の飛来元としてもうひとつの場所を掲げる。それは天竺である。前話で「（熊野三党が祖と仰ぐ）飛鳥（阿須賀）大行事は摩訶陀国《まがだこく》（古代インドの王国）では熊野権現の惣後見だった」というくだりを紹介した。新宮縁起に二種類載っている系図はそれぞれ「千与定から熊野三党までの臣下（王に仕え、カミを祀る側）」と「熊野権現を含む王族（仕えられ、祀られる側）」の一覧表といってもいいだろう。

一連の天竺の話の「種本」を考える前に、まずは「熊野の神々と天竺」がどう結び付けられているか、今の言葉で紹介したい。

まずは巻第一・本宮縁起の中の「熊野三所権現垂迹事」から。

浄飯《じょうはん》大王の弟白飯《はくはん》王の子、四各《しかく》王の二女の胎内に天光が差し、懐妊して誕生したのが慈悲大顕王、すなわち熊野権現である。

慈悲大顕王には結宮《むすびのみや》と早玉宮という男女の子がいた。二人の母は（王の臣下）雅顕《がけん》長者《ちょうじゃ》の嫡女《ちゃくじょ》だ。

結宮は（熊野十二所権現の）若女一王子《にゃくにょいちおうじ》（若一《にゃくいち》王子ともいわれ、天照《あまてらす》大神とされる）、児《こ》宮《みや》、子守宮《こもりのみや》を生んだ。彼らの父親は（浄飯王の弟）甘露飯《かんろはん》王の第二王子である。（十二所権現の）禅師宮《ぜんじのみや》、聖宮《ひじりのみや》の父は早玉、母は長寛長者（飛鳥大行事）の娘。

（同じく）勧請十五所は雅顕長者のことだ。
（同じく）一万（宮）、十万（宮）は勧請十五所の右肩上（に祀られ）、一万は眷属《けんぞく》、十万は金剛童子。飛行夜叉《ひぎょうやしゃ》、米持《よねもち》金剛童子は左方（に祀られ）、勧請十五所の守護神である。

この説明によれば、熊野権現は「御垂跡縁起」の證誠大菩薩（家津美御子《けつみみこ》）にあたり、その子が結早玉ということになる。権現は天竺の王女がマリアのように処女懐妊して生まれた慈悲大顕王であり、結早玉は王が臣下である雅顕長者の娘を娶《めと》って生まれた子、とされる。

これらの関係は『熊野山略記』の那智山瀧本事（那智山縁起）にも顔を出す。イザナキ・イザナミと熊野権現との関係に丹生《にう》大明神（高野山の地主神）まで絡んできてちょっとわかりにくいが、次のようなことを言いたいのだろう。

「證誠大菩薩はイザナキ・イザナミの孫ともいわれている。そして結宮（西御前）はイザナミノミコトだ。天竺では證誠大菩薩は慈悲大王のことで、結早玉はその子とされる。結宮から見ると、天竺では慈悲大王は父、本朝では子（孫）となる。因果がそれぞれ打ち替わることはありうることだ。」

巻第一・本宮縁起には、前述に続いて次のような説明がある。

熊野権現は中天竺《ちゅう》の摩竭陀国から天降り、その名を慈悲大顕王、また家津美尊と称した。金峯山《きんぷせん》金剛蔵王は中天竺の波羅奈《はらな》国（摩訶陀国の西方にあった）金輪聖王の孫で、率《そ》渇《かつ》大王といった。鷲峯《しゅうほう》・檀徳《だんとく》の山麓で仏法、王法を守護した。

慈悲大顕王は衆生を教え導くため雅顕長者をこの国に派遣した。雅顕長者は天照大神に「私は慈悲大顕王と金剛蔵王の使者です。王法の護りを一切衆生に及ぼすためやってきました。紀州の牟婁郡と大和の吉野の霊地に住まわせていただきたい」と要請した。天照大神は「私は同意するが、秋津嶋（日本）人民の頭である神武天皇の同意を取ってほしい」と述べたので、雅顕長者は神武天皇に会って霊地を乞い、与えられた。

以上ふたつのストーリーは『大峯縁起』によく似た話が載っているので、それが「種本」であることは間違いあるまい。

前述のように、『大峯縁起』は古代・中世の熊野大峯修験者が最も神聖視した書である。公開はされず、一部の限られた師からその弟子へその内容が秘密裏に相伝された。

宮家準氏の論文の助けも借りて、『大峯縁起』から似た個所を拾い出すと次のようになる（注1）。

▼熊野三所権現は、天照大神の五代の孫で、かつ中天竺摩竭提国（摩訶陁国、摩竭陁国）の浄飯大王の五代の孫にあたる。四各王の二女の胎内に宿り、生まれて慈悲大顕王、またの名を家津命子といった。慈悲大顕王には結宮・早玉宮という子がいた。
▼金峯山の金剛蔵王は、天照大神七代の孫で、中天竺の波羅奈国の金輪聖王の七代の孫。率濁天王の娘の胎内に宿って生まれた率渇大王である。
▼摩訶提国・波羅奈国から一万二千里離れたところに霊鷲山と檀徳山がある。前者のふもとに熊野権現が、後者のふもとに金剛蔵王がそれぞれ祀られ、王法・仏法を守っていた。
▼慈悲大顕王の家臣の雅顕長者は二つの霊山で四十五年間修業を積んだ後、王に「次は他国の衆生を導きたい。どこへ行けばよいか教えてください」とたずねた。七日間考えた王は、世界の国々の中で日本、その中でも紀州牟漏（婁）の熊野と大和の吉野を選んだ。
▼雅顕長者は秋津嶋人民の頭である神武天皇を訪ねて霊地を与えてほしいと頼み、許された。

『熊野山略記』には「熊野権現御垂跡縁起」で権現がそこから飛来したという唐の天台山と天竺を結び付けようとする一節もある。巻第二の中に載る「新宮御殿奉納仮名書縁起」である。

その冒頭部分によれば、慈悲大顕王（熊野権現）は家臣を引き連れて天竺の王宮から天台山王子晋（地主神）の旧跡に移り、そこから「熊野権現御垂跡縁起」が語る九州↓四国↓淡路島を経て紀伊国にやってきたという。ただ天竺のスタートは摩訶陁国ではなく迦毗《かび》（毘）羅国《らこく》になっている。迦毘羅国は釈迦誕生の地といわれてきた。

一方、「新宮御殿奉納仮名書縁起」には、同じ摩訶陁国からの飛来譚でも、慈悲大顕王系と色合いも中身もガラリと異なる物語が紹介される。今の言葉にしてみよう。

摩訶陁国の大王は中御前（早玉宮）、本地は薬師如来である。善哉王《ぜんざいおう》といった。西御前（結宮）は御スイテム（五衰殿）の后《きさき》（女御《にょうご》）だった。證誠殿はツルキノヤマ（剣山）のふもとに住んでいた智剣《ちけん》上人で、彼は五衰殿の女御の伯父である。若王子は女御の本尊で長さ五尺の十一面観音。善哉王の太子は児宮、如意輪観音だ。

善哉王には九十九人の后がいたが、ただひとり五衰殿だけが身ごもり、金谷という谷で王子を産んだ。

五体（五所）王子は若殿（若宮）から子守（子守宮）までである。禅師宮は智剣上人の第一弟子、聖宮は第二弟子、子守宮は虎、一万（宮）は公卿、十万（宮）は殿上人、勧請十五所は山神、飛行夜叉は狼、米持（金剛）は狐、それぞれが王子を養った。

この後、天竺から熊野権現が飛来し、熊野三党に名字を授けるいきさつや、三党の南蛮退治の話が続く。しかし、これだけでは何のことかさっぱりわからない。そこで、このくだりの

「種本」となったと思われる文書を挙げて、ストーリーの背景を補強したい。

中世から近世にかけて熊野権現の由来を説く数々の説話や絵巻物が作られ、熊野のＰＲに使われた。『神道集』に入っている「熊野権現の事」のほか、「熊野権現縁起絵巻」「熊野本地絵巻」などだ。熊野十二所権現の本地や前生を語るこの部分はこうした書物を参考につくられたのだろう。

ここでは南北朝時代に成立したとされる『神道集』の中の「熊野権現の事」から、そのさわりの部分を紹介する（注２）。

① 昔インドの摩訶陀国の善財王に千人の后がいた。その中の五衰殿《ごすいでん》の女御は不美人でお召しがない。女御が観音菩薩に祈願すると美貌になり王が通い、身ごもった。人相見が占うとお腹の子は王子という。

② 九百九十九人の后は人相見に「生まれてくる王子は災いをもたらす」と王に言うよう仕向けたが、善財王は取り合わなかった。

③ そこで后たちは五衰殿をなきものにしようと六人の侍に殺害を命じた。山に駆り立てられた五衰殿は「せめて産ませて」と懇願し、王子を産んでから首を斬られた。母のむくろの乳を吸う王子を虎たちが守り、三年が過ぎた。

④　そこから三十里ほど離れた山中で喜見《きけん》上人が仏道修行をしていた。虎に養われていた王子を見つけた上人は事情を悟り養育、王子が七歳になった時に王子と一緒に王宮に向かい、善財王にすべてを話した。王は我が子に喜ぶと同時に「恐ろしい女たちの顔は見たくない。この剣の落ちたところに一緒に行こう」と北の方に剣を投げた。

⑤　王、王子、上人の乗った車は剣の後について紀伊の牟婁郡に着いた。それから七千年後、善財王は猪を追ってやってきた千代包《ちよかね》という名の猟師の前に三枚の光る鏡として出現した。そして「私は昔、天照大神から数えて五代の子孫にあたる摩訶陀国の主が、日本に伝来した鏡で、万人を守る神である。熊野三所権現とは私のことだ」とおっしゃった。千代包は三つの宝殿を造って権現を祀った。

⑥　三所権現の中の宮（中御前）は善財王、西の宮（西御前・結宮）は五衰殿の女御、証誠殿の神は喜見上人で、王子は若一王子である。彼らを追ってきた九百九十九人の后たちは赤虫になった。

参考までに『室町物語草子集』から『熊野本地絵巻』のさわりも紹介しよう（注3）。『神道集』が原本と思われ、筋はよく似ている。

①　熊野権現はインド摩訶陀国の善財王で、王子に恵まれなかった。

② 千人の后がいたが、五衰殿の女御だけ寵愛がない。女御の十一面観音への祈りが通じ、王が通って懐妊する。

③ それを妬《ねた》んだ九百九十九人の后は占い師を強要して「生まれる王子は宮中に災いをもたらし、大王を殺します」と言わせたが、王は信用しない。そこで后らは武士に五衰殿の殺害を命じる。

④ 武士たちは五衰殿に同情しながらも、山中でその首を斬る。その直前に王子が生まれた。王子は亡きがらの乳を吸い、虎や狼（「新宮御殿奉納仮名書縁起」のいう子守宮、飛行夜叉の前生）に守られて三歳に育った。

⑤ この山中に智見《ちけん》上人がいた。幼児は自分は善財王の子で、母は殺された、と身の上を話した。上人は王子に学問を学ばせ、七歳になったとき王子を連れて参内する。

⑥ すべてを知った善財王は五衰殿の遺骨を掘り起こす。上人の祈りで生き返った彼女は、王と我が子との再会を果たす。

⑦ 善財王は「もうこんなあさましい国にいたくない。一緒に住みやすそうな国に行こう」と女御、王子、智見上人とともに空飛ぶ御車に乗り、東をめざし、紀伊国牟婁郡の音無川（熊野本宮の旧社地・大斎原を囲む川）のほとりに降りた。熊野三所権現の證誠大菩薩（家津御子大神）は智見上人で、両所権現（速玉大神・夫須美大神）は善財王と五衰殿の女御、若一王子は王子のことである。

⑧　九百九十九人の后は王を追って日本に来たが、毒蛇になったあげくに殺された。その怨念が彼女らを赤虫にして、熊野詣の巡礼を苦しめている。

残酷な場面もあるが、こうした物語は熊野比丘尼《びくに》が語る絵解きとともに、遠い異国へのあこがれも含めて、熊野に人びとを誘ったことだろう。

縁起研究者の川崎剛志氏（就実大学教授）は『熊野山略記』と一連の「熊野の本地」について次のように語っている。

室町時代には、熊野三党の由緒正しさを証すことに重きを置いて、新宮の縁起を制作、相伝する営みが、かなりの幅を以て、重層的に展開していたと想像される。その情況のなかで制作された縁起のうち二種が、幸い『熊野山略記』に転載され、我々の目に触れることとなった。一つは「新宮御殿奉納仮名書縁起」で、専ら新宮の主神・早玉宮との君臣関係を説く。もう一つは「新宮縁起」で、こちらのほうは君臣関係のみならず、姻戚関係をも誇示する。

（中略）

新宮の縁起をめぐる営みのなかで、熊野三党の先祖の系譜にのる阿須賀大行事の前生を、「熊野の本地」の枠組みのなかに位置づける動きが起こり、またそこで唱えられた説が「熊野の本地」の伝本に吸い上げられてゆく。そうした一連の流れのあったことが、ここに浮かび上がってくるのである。（注4）

（注1）宮家準氏「修験道の思想――『大峰縁起』を中心として」『岩波講座　東洋思想第一五巻　日本思想1』岩波書店、一九八九年。『大峯縁起』は前掲の『熊野金峯大峯縁起集』より。なお、「天照大神が『私はいいが、秋津嶋の頭である神武天皇の同意を取ってほしい』と述べた」というくだりは『熊野山略記』にはあるが『大峯縁起』には見られない。このくだりは室町初期に成立したといわれる『修験指南抄』の中に出てくる。『修験指南抄』は『神道大系　論説編十七　修験道』神道大系編纂会、一九八八年に入っている。
（注2）貴志正造訳『神道集』平凡社東洋文庫、一九六七年。
（注3）『新編　日本古典文学全集63　室町物語草子集』小学館、二〇〇二年。
（注4）川崎剛志氏「『熊野の本地』の一変奏――『熊野山略記』の記事をめぐって」『中世文学』四十号、一九九五年。

第七話　影が薄い役行者

『熊野山略記』の類聚《るいじゅう》、執筆に修験者（山伏）が深く絡んでいたことは間違いない。修験道の開祖と崇《あが》められる人物は役小角《えんのおづぬ》（役行者）である。『熊野山略記』がそこから多くを引用した秘書『大峯縁起』には、後に紹介するように役小角の伝説や逸話があふれている。ならば『熊野山略記』にも小角があちこちに登場するはずだ。そう思っていた私は、ちょっと肩透かしを食った。新宮の熊野三党、新宮と那智山の裸形上人の大活躍に比べて、小角の扱いは「地味」なのである。これはどうしたことか。

もちろん無視はしていない。巻第二に収められた「新宮御殿奉納仮名書縁起」は次のように語る。多少の補足を加え、今の言葉に直してみよう。

役行者は大和国葛上《かつじょう》郡茅原《ちはら》に生まれた。生まれたとき紫雲がたなびき上空を覆った。

彼は法喜菩薩《ほうきぼさつ》の弟子として、俗形のまま難行苦行を重ねた。それゆえに今の山伏は、鈴懸《すずかけ》（俗人の直垂《ひたたれ》に似た法衣）と呼ばれる服装で入峯するのだ。

役行者は葛木《かつらぎ》（葛城山《かつらぎ》）では法喜菩薩として、那智では生身《しょうじん》の不動明王として顕れた。また彼は唐の第三の仙人として、生きながら都率天《とそつてん》（仏教の天界のひとつ）に上られた。

大峯を菩薩峯、葛木を一乗峯という。

二人鬼は（生駒山の暴れ者だったが）、役行者が葛木で信貴山《しぎさん》の毘沙門天を使って取り押さえ、行者の従者になった。「鬼取《おにとり》」という地名はそこから由来している（生駒市に鬼取町がある）。

行者は父のために大峯山で百二十日間修行し、母のために法華経を書写して、葛木山で七十五日間それを読誦《どくしょう》する修行をした。それゆえに葛木山を読誦峯という。

役小角の紹介には違いはないが、那智がちらっと出てくるだけで、舞台は彼がもっぱら活躍した大峯と葛木である。ちなみに、「二鬼」とあるのは前鬼《ぜんき》と後鬼《ごき》のことだろう。夫婦鬼だった前鬼・後鬼は、それぞれ義学《ぎがく》または義覚《ぎかく》、義賢《ぎけん》または義玄《ぎげん》とも呼ばれ、役行者の弟子の義覚・義玄と同一視されることもある。その子孫は奈良県下北山村前鬼で修験者のために行者坊、森本坊、中之坊、小仲坊、不動坊という宿坊をひらいていた。現在は五鬼助義之《ごきじょよしゆき》氏が奥さんと小仲坊を守っている。

『熊野山略記』でほかに役小角の名を探すと二か所あった。最初の序文にあたる部分に金峯山《きんぷせん》の説明がある。今、大峯奥駈道と呼ばれる抖擻《とそう》（山中を一心不乱に歩く）路を「役優婆塞《えんのうばそく》の錬行《れんぎょう》の道」と記している。優婆塞は在俗の仏教修行者のことである。

もう一か所は巻第三・那智山瀧本事に出てくる。那智山にはそれぞれいわれを持つ岩屋（洞窟）があちこちにある。その中に「役優婆塞多年薫修《くんじゅ》行法岩屋（役行者が長年、仏道修行した岩屋）、行者出家以前の時分なり」というくだりがある。役行者は那智にもいらした、と言いたいのだろうが、それ以外に何の説明もなく「出家の前のことだ」と片付けているのもなんとなくそっけない。

役小角は飛鳥時代の呪術者で、『続日本紀《しょくにほんぎ》』や『日本霊異記』にその活躍の一端が出てくる。多分に伝説めいてはいるが、奈良盆地の茅原に生まれ（御所《ごせ》市茅原《ちはら》に誕生の地とされる吉祥草寺がある）、葛城山や金剛山（昔は二つ合わせて葛木山といった）で修行した。『続日本紀』は、文武天皇三年（六九九年）五月二十四日条で「役行者小角を伊豆嶋《いずのしま》に配流《はいる》した。彼は葛木山に住み呪術をよく使った。外従五位下の韓国連広足《からくにのむらじひろたり》の師匠だったが、『人びとを惑わしている』と讒言《ざんげん》され、遠流となった」と記す（注1）。また『日本霊異記』は「鬼神をせきたてて『大和国の金峯山（吉野山から山上《さんじょう》ケ《が》岳《たけ》までの連峰の総称）と葛木山の間に橋を架け渡せ』と命じた。葛木山の一言主《ひとことぬし》の大神が人に乗り移り『彼は陰謀を企て、天皇を滅ぼそうとしている』と悪口を告げた。しかし簡単には捕まらなかったので、その母を捕えたところ、自分から出てきて、伊豆の島に流された。昼は島にいたが、夜は富士山に飛んで修行した。三年後、恩赦で帰郷を許されたが、仙人となって飛び去った」と記している（注2）。

勅撰《ちょくせん》の歴史書『続日本紀』に載っているから実在の人物だろうが、修験者が師から弟子へ秘密裏に相伝した『大峯縁起』になると、役小角が「カミをこき使った」とか「讒言で流刑になった」とかいう話は一切なく、もっぱら神格化・伝説化されている。またそこには小角の家系、その母のこと、九歳で出家したこと、母から『大峯縁起』を相伝したことなどが書かれている。その部分をかいつまんで紹介すると、こんな具合だ。

武烈天皇（第二十五代）が皇太子の時代に大伴金村が大臣《おおおみ》の平群《へぐりの》真鳥《まとり》を殺した。真鳥の娘は茅原村に逃れて、高賀茂《たかかも》氏を名乗った。彼女は二十四歳の時に熊野に参詣、宝殿の裏で月を飲む夢を見て懐妊した。翌年、へその穴から金色の三筋の光が差す中で、役の優婆塞が誕生した。彼は九歳で出家、十九歳で母親から『大峯縁起』を相伝した。これは母が再度の熊野詣の際に権現から感得した書である。

この話に従えば『大峯縁起』の感得から初の相伝まで小角母子のなせるわざとなる。『大峯縁起』の極め付きは、役小角が三度も生まれ変わったと伝えることである。その「三生」をたどってみよう。

第一生は中天竺の照王の時代に生まれた慶摩童子である。彼が二十一歳の時に釈迦が誕生している。釈迦は十九歳で出家して能忍と名乗り、慶摩は三十九歳で出家、智教と名乗った。智教は檀徳山で四十五年修行、釈迦の入滅・荼毘《だび》に立ち会い、その翌日に九十九歳で死んだ。つまり、役小角の初生は釈迦の弟子というわけだ。

第二生は、その三百四十七年後に「再び衆生を救わん」と、中天竺の雅顕長者の姉の子として誕生した。三歳になった彼が、釈迦入滅の日にあたる二月十五日に両手を開くと金色に輝く二粒の仏舎利があった。仏舎利は塔に祀られると百六十粒に増えたという。十九歳で出家、顕覚と名乗り、二十三歳から八年間、霊鷲山で修行した。彼は百三十五歳まで生きた。『熊野山略記』巻第二に付いている熊野三党につながる系図に「役行者々雅顕長者再誕」とあるのは『大峯縁起』のこの部分を取り入れたものだと思う。

その第三生は第二生の死から千二百四十七年後のこと。先に紹介したように、高賀茂氏の家系に誕生する。誕生は第二十六代継体天皇の時代としており、「(欽明の父)継体天皇の后と高賀茂氏の娘は同じ日に懐妊し、同じ日に後の欽明天皇、役優婆塞を産んだ」と記す。小角は天皇と並ぶ尊い人物だと言いたいのだろう。

『大峯縁起』がせっかく「役優婆塞はその母が熊野詣の折に月を飲む夢を見て懐妊した」と書いているのに、『熊野山略記』はそのことにも「三生」のことにも触れていない。裸形上人と比べても扱いが「そっけない」のはどういうわけか。

その理由を推し量るに、まず『熊野山略記』は三山がそれぞれの由緒や伝統、正統性などを喧伝《けんでん》する目的でまとめられた文書であることだ。本宮は熊野権現が犬飼（猟師）の前で初めて自身を名乗った場所を、新宮は仏教が生まれた地の王族にもつながる熊野三党の家系を誇り、那智は尊勝院の開基、裸形上人を持ち上げる。いかに修験道の祖といえども、そんな目的からすれば「二の次扱い」になったのではないか。

第二に、役小角の主要な活躍舞台は葛木山と金峯山で、熊野とは遠いという地理的な事情もあろう。小角が鬼神を使って「葛木と金峯に橋を架けろ」と命じたのはそれが自分のテリトリーだったからだ。また金峯山で忿怒《ふんぬ》相の金剛蔵王権現を感得し「これこそ我が仏」としたエピソードも、彼を紀伊熊野より大和吉野により強く結び付ける。

第三に、熊野三山が小角に「そっけない」背景に天台宗系の本山派と真言宗系の当山派のライバル意識が絡んでいないだろうか。

寛治四年（一〇九〇年）熊野詣をした白河上皇は、その先達を務めた園城寺《おんじょうじ》（大津市の三井寺）の長吏《ちょうり》（寺の統括者）増誉《ぞうよ》を熊野三山検校《けんぎょう》に任じた。その後の歴代検校は聖護院《しょうごいん》（京都市）の僧が就任することが多く、二十代検校の道意《どうい》以降は聖護院門跡の重代職になった。こうした経緯を経て熊野は聖護院の下で本山派修験者の拠点となっていった。

一方、真言宗系の当山派は金峯山を本拠とし、三宝院（京都の醍醐寺）を本寺と仰ぐ修験者を組織化した。平安時代から吉野・金峯には真言宗系の修行者が数多く入り込んでいた。『大峯縁起』と『熊野山略記』はそのタイトルのように大峯と熊野山が主要舞台である。二書における「役小角の扱い」の違いに当山派と本山派の角逐がどの程度関わっていたのか、そこまで踏み込む材料を私は持っていない。

（注1）宇治谷孟　全現代語訳『続日本紀（上）』講談社学術文庫、一九九二年。
（注2）中田祝夫　全訳注『日本霊異記（上）』講談社学術文庫、一九七八年。

第八話　那智の修験者たち

紀州藩の地誌『紀伊続風土記《しょくふどき》』の那智山「社僧坊舎」の項に、那智山を管理運営してきた役職とその人数が載っている（注1）。

両執行《しゅぎょう》二人
宿老十人
講誦《こうしょう》十二人
衆徒七十五人
瀧衆六十六人
役人十二人
行人《ぎょうにん》八十五人
穀屋《こくや》七人

執行職は東座と西座に別れ、瀧本《たきもと》（大滝のあたりの諸堂や修行場）や滝修行者の管理を尊勝院、それ以外の管理を実報院が務めた。

那智山の歴史に詳しい二河良英氏によれば、宿老は三十六あった宿坊の長老から選ばれ、宿坊の世話と管理にあたった。講誦は法要読経の時に声明《しょうみょう》を唱える人。衆徒は滝修行の徒弟を含む雑務を担当。瀧衆は千日行の最初の百日行を終えた人たちのこと。那智山に入った修行者は当初、本社の上方にあった如法道場で過ごしたが、役人はその指導をしたほか、祭礼の準備などにあたった。また、行人は衆徒以外の修行者として三十六坊に割り当てられた。穀屋は一山の会計責任者であるとともに、修行者の食事の世話、建物の修理などをした（注2）。

『紀伊続風土記』は江戸後期の書物だが、『熊野山略記』巻第三・那智山瀧本事（那智山縁起）に「本山籠衆の全員六十六人が参籠の時は」というくだりがあるから、那智修験者の中心だった瀧衆の数は江戸以前も変わらなかったと思われる。またそこには「陁《だ》（陀）羅尼《らに》衆」「供養法衆」といった言葉も見られる。前者はもっぱら陀羅尼経を読誦した人たちであろう。個々の人数に変わりがあったとしても、管理体制全体としては中世も同じような形だったのではなかろうか。

那智山の修行の中心は大滝とその背後の山中に点在する滝（現在合わせて四十八）での修行だ。修験者（山伏）たちは修行の合間に山内のお堂で読経、供花そして断食行などをした。

日々の修行のほかに季節的な行事もあった。

例えば夏安居《げあんご》。那智山瀧本事には「夏中勤行《ごんぎょう》は安居九十日。瀧山参籠六十人はその九旬（旧暦四月十六日から七月十五日まで）の間、安居別所に籠り、供花を絶やさず、断穀菜食の行を行う。毎夜、延年衆が廻雪《かいせつ》の曲を舞う」とある。延年衆と呼ばれる芸能担当の修行者がいて、法会の後などに披露した。廻雪とは風に舞う雪のように袖をひるがえして舞うことのようだ。

二河良英氏は「安居は古来印度で行われた。印度は夏期の降雨甚だしく各地を転々とする行脚僧に不便なため、降雨期三箇月は一所に住して研究、修養と師匠の教導にあづかる時と定められた」とその由来を説明する。

季節的な修行としては他に年（歳）籠、彼岸勤などがあった。前者は大晦日に堂舎に籠って新年を迎える行事、後者は彼岸の時期に三十七日間の断食などを行う。

修験者たちはこうした修行を重ねて昇進する。『熊野山略記』の那智山縁起には修験者の位階や昇進の仕方などが書かれているが、新衆、二度下、小先達などのほか、古衆とか別所籠といった名称も出てきて、その上下関係はよくわからない。滝修行や断食行をどれくらい続けたかなど判断基準があるのだろう。

明治初年の神仏分離令、修験道廃止令によって熊野三山の様相はがらりと変わり、修験者はいなくなり、その祭礼や行事もすたれてしまった。

そんな熊野修験の復活に立ち上がったのが青岸渡寺副住職の高木亮英《りょうえい》氏である。昭和二十四年（一九四九年）生まれの高木氏は明治以来わからなくなっていた那智四十八滝の再確定に乗り出し、一九九一年に仲間と調査、翌年から四十八滝の回峰行を復活させた。彼はそれに先立つ一九八八年以来、毎年欠かさず大峯奥駈修行を先導してきた。

二〇二〇年七月二日、私は青岸渡寺で高木氏にお会いした。以下はその時のやり取りである。

「今、那智山で修行する人は何人ぐらいいますか」

「五十人ぐらいですね」

「四月の本宮大社の例祭の後、大斎原《おおゆのはら》で山伏の護摩焚きがありますが」

「あの人たちは兵庫県の加古川から来られる修験者です」

「那智の修験者の位階は今どうなっているのでしょう」

「最初は新客《しんぎゃく》と呼ばれる駆け出し。三年ぐらい修行して先達《せんだち》になり、全国に出向きます。次の位は大先達。トップは正大先達《しょうだいせんだち》で、不肖私が務めさせてもらっています」

「那智修験は天台宗系の本山派に属し、京都の聖護院や大津の園城寺（三井寺）と縁が深いですね」

「寺伝によれば、三井寺を開かれた智証大師（円珍）が貞観九年（八六七年）に那智に来られ、大滝で法華経を講義されました。以来、天台三井寺系の修験と関わりを深めたのです」

「本宮には長床衆、新宮には神倉聖がいましたが、那智の強みは何といっても大滝ですね」

「修験は大自然が舞台、大滝はその象徴です。それがなかったら寺も神社もなかったでしょう。大滝を含む四十八滝があればこその那智山であり、熊野であると思っています」

「青岸渡寺はインドから来たと伝えられる裸形上人を開基としています。黒潮に乗って漂着した人物も受け入れる。私はそんな熊野の開かれたところに魅力を感じます」

「神道、仏教、道教、陰陽道などいろいろな信仰がミックスした修験道は熊野の風土になじみます。そして難破漂着した人も受け入れ崇め奉る。そんな複合性、開放性が熊野信仰の特色だと思います。神仏分離や廃仏毀釈でハード（建物）は壊せても、神仏は一体という千年を超す歴史を持つ心（ソフト）は壊せません。修験者のひとりとして、そのことを発信してゆきたいと思います」


お目にかかる前、私は『熊野山略記』巻第三・那智山瀧本事（那智山縁起）のコピーを高木氏に送った。彼はその最後の部分に「心を打たれた」という。多少意訳して今の言葉にするとこんなくだりである。

ああ、夏冬の断食修行の間、父母との再会の思いを忘れ、杖《つえ》やムチで打たれるような厳しい修行のために望郷の念にかられ執着心を捨てられないなら、それらを恨む。しかし死ぬ苦しみを経て一生を得たら、妄執の厚い霧は払い除かれ、即身成仏の仏の光を拝することができるのだ。（中略）

修行に隙《すき》があれば魔人の怒りを招き、誠実に祈り誓えば世の中は穏やかに落ち着く。瀧本が荒廃したら熊野三山が荒廃する。三山が衰微したら天下が衰微してしまう。

高木氏は「これらを表白《ひょうびゃく》（供養願文《がんもん》）にして、行事の折に大滝の前で読み上げたい」と私に語った。

（注１）『紀伊続風土記㈢』歴史図書社、一九七〇年。
（注２）二河良英著『熊野の研究』二河良英論文刊行会、一九九二年。

第二部

『熊野山略記』読み下しと解説

熊野山略記

「（後筆）本宮縁記（起）　青岸渡寺尊勝院」

○前欠

震旦《しんたん》を引《ひき》（率）い人民を導く。俗に候嶺《こうれい》の真人《まひと》と号す。

教法西に没する刻《とき》、鎮西彦山に迂《まわ》りて八角水精《すいしょう》（水晶）と現る。

大法東漸《とうぜん》の時、切目の松に遊び、那木《なぎ》の□を翫《もてあそ》ぶ。

神武天皇我国を検《けん》じ巡る日、皇太神《こうたいしん》の霊告を感じて、神蔵《かみくら》（神倉）の宝剣を得る。大熊の奇瑞《きずい》に随《したが》いて、洪基《こうき》を真人と祈る。


【言葉】震旦＝中国の古称。真人＝まことの道に達した人。もとは道教の用語。日本には仏教とともに道教思想も入り、天武天皇の諡号《しごう》（おくりな）には「真人」が使われている。教法＝釈迦の説いた教え。鎮西＝九州。彦山＝英彦山《ひこさん》、福岡県と大分県の県境にある山。山形県の羽黒山、奈良県の大峯山とともに三大修験山といわれる。大法＝仏法。切目＝現在の和歌山県日高郡印南町《いなみちょう》に熊野古道紀伊路の切目王子がある。そのあたりか。皇太神＝皇祖神・天照大神《あまてらすおおみかみ》。神蔵＝和歌山県新宮市の神倉山。奇瑞＝めでたいことの前兆として起こる不思議な現象。洪基＝大きな事業。東征のことか。

【解説】神話によると熊野に上陸した神日本磐余彦《かむやまといわれびこ》（神武）の軍勢は大熊の出現（『古事記』）、地元の女族長丹敷戸畔《にしきとべ》の抵抗（『日本書紀』）で失神し窮地に陥るが、高天原から降ろされた神剣フツノミタマで立ち直る。ここでは宝剣を新宮の神倉山で得て、大熊の出現は奇瑞と表現されている。

浄居天《じょうごてん》猟人と化《か》し、西方尊顕《あらわ》して神鏡と示す。これ併《あわ》せて魔王の約諾《やくだく》による。本地《ほんじ》の□□を捨てるといえども、勢州の神光、紀州の霊跡《れいせき》に照臨するものや。

これによって地主證誠大菩薩《しょうじょうだいぼさつ》、光を御熊野《みくまの》の夕の露に増し、両所権現結早玉《むすびはやたま》、音無河《おとなしがわ》の暁浪に影を分かつ。日本第一の霊験《れいげん》、独り余社に勝れ、済度《さいど》無双の名誉、遠く万国に流る。

けだし、この体をなすところ、四神相応《しじんそうおう》の霊亀《れいき》をもってその山をかたどる。五気欠くることなく、仙人すなわちこの地に棲《す》む。

しかのみならず、本有《ほんう》の薩埵《さった》（菩薩）、究竟《きゅうきょう》円満、浄妙（清浄）なる法身《ほうじん》大日覚王にして、不《ふ》二《じ》の理土《りど》ゆえに本宮と号す。

【言葉】 浄居天＝欲界を離れた聖者がいるところ。猟人＝猟師。平安時代の文書『長寛勘文《ちょうかんかんもん》』に引用された「熊野権現御垂跡《ごすいじゃく》縁起」では、本宮大社の旧社地大斎原《おおゆのはら》で熊野権現が犬飼（狩人）の前に「三枚の月形」として現れる。魔王の約諾＝鎌倉中期の仏教説話『沙石集《しゃせきしゅう》』に出てくる天照大神と第六天魔王の約束のことか。アマテラスに仏法を流布する相があるとして妨害しようとした魔王に対し、アマテラスが「われ三法の名をも言わじ、我が身にも近づけじ、とくとく帰り上り給え」と約束し、お引き取り願った。伊勢神宮が表向き仏法や僧を敬遠する（しかし内実は敬う）理由として説明される（『日本古典文学大系85　沙石集』岩波書店、一九六六年）。勢州＝伊勢。本地＝本来の仏・菩薩。神として現れた垂迹《すいじゃく》に対する語。證誠大菩薩＝本宮大社の主祭神家津御子《けつみこ》大神。両所権現＝速玉大社の主祭神速玉大神と那智大社の主祭神夫須美《ふすみ》大神。音無河＝大斎原の脇を流れる音無川。済度＝仏・菩薩が衆生を導いて悟りの境地に救い渡すこと。無双＝並ぶものがない。四神相応＝大地の四方を司る四神の存在にふさわしい地形。霊亀＝中国神話の巨大な亀。その背中に桃源郷「蓬萊山《ほうらいさん》」を背負っているといわれる。五気＝木火土金水の五行《ごぎょう》の氣。五臓から出る五つの気という意味もある。本有＝生まれながら備わっていること。法身＝真理そのものである仏。大日覚王＝大日如来。不二＝二つとない。理土＝理《ことわり》が通る聖地、ということか。

一切の衆生、始めて正覚《しょうがく》を成《じょう》じ、受用《じゅゆう》の報身《ほうじん》は弥陀（阿弥陀）如来なり。九品《くほん》の浄刹《じょうせつ》ゆえに新山《にいのやま》と号す。

東に尼連禅河《にれんぜんが》あり。悉陀太子《しったたいし》（釈迦）この水を浴して難行を円《まろやか》に満たす。西に音無《おとなし》の密河あり。自性法身《じしょうほうじん》この流れをそそいで衆生を度《わた》（渡）しめる。両河の間に金剛壇あり。賢劫《けんごう》成す所にして、すなわち金輪《こんりん》揺《うごか》ず。世にもって伽耶城《がやじょう》と名す。

この地の中央に卑鉢羅《ひはら》樹あり。枝葉蒙籠《もうろう》として冬夏凋《しぼ》（萎）まず。人みな菩提樹と名す。あるいはこの地を西方九品の浄域と号す。

【言葉】正覚＝真の悟り。受用身＝悟りによって得た法を自ら楽しみ、また他の人びとにその法を施し楽しませる仏身。前者を自受用身、後者を他受用身という。九品＝極楽浄土を願う人が生前の行いによって定められる九等の階位。ここでは九品中の最上位という意味か。浄刹＝尊い寺。新山＝本宮大社の旧社地はこう呼ばれた。尼連禅河＝ガンジスの支流。釈迦は悟りをひらく前にこの川で沐浴《もくよく》したといわれる。熊野川を天竺の川に擬している。音無の密河＝音無川。旧社地の脇を流れる音無川に昔、橋はなく、参拝者は歩いて渡った。これを「濡れ藁沓《わらくつ》の入堂」と呼んだ。密河＝ひっそりと流れる川。自性法身＝仏陀そのもの、本体。渡しめる＝仏の世界に導き入れる。金剛壇＝密教修行を行う壇。賢劫＝この世の長い時間。その間に多くの賢人が出て衆生を救うという考え。金輪＝世界の基底をなすとされる四輪の中の最上層で、金剛でできているとされる。伽耶城＝古代インド摩《ま》訶陀《がだ》国の都城。釈迦がその下で悟りをひらいた菩提樹はその近くにあった。蒙籠＝乱れ繁るさま。

【解説】ここでは本宮を釈迦の聖地と重ね合わせ、熊野の聖性を高めようとしている。本宮大社の旧社地大斎原《おおゆのはら》は熊野川・音無川・岩田川に囲まれた中洲に位置した。熊野権現はそこにあった一位《いちい》の梢《こずえ》に降臨するが、その木を釈迦がそのもとで悟りを得たといわれる菩提樹に匹敵する聖木と言いたいのかもしれない。

一念称名《しょうみょう》の輩《ともがら》、往生極楽の素懐《そかい》を遂《と》ぐ。あるいはこの地、過去の七仏正覚《しょうがく》の所と称す。三乗《さんじょう》修行の類《たぐい》、増進仏道の得益を逞《たくま》しゅうす。いかにいわんや、上根上智《じょうこんじょうち》のために、四《し》種《しゅ》法身おのおの三密の自楽を説く。下根下機《げこんげき》のために、三所和光の鎮《しず》めに二世の求願を成す。機を見るに同じにあらずにより、随類の感応あり。

ああ五相成身《ごそうじょうしん》の春、花は三越《みこし》の嶽《たけ》にかぐわし　三密瑜伽《ゆが》の秋月は千里の浜に朗かなり。歩《ほ》を長途に運ぶ往詣《おうけい》の客は妙法山の高恩にあずかり、頭《こうべ》を叢祠《そうし》に傾ける常住の族《やから》は音無河の深き恵みを蒙《こうむ》る。あるいは断穀絶煙《だんこくぜつえん》の栖《すみか》を卜《ぼく》す（占う）。純粋を密花園の蕚《うてな》（花の「がく」＝花弁を囲む部分）に味わい、あるいは枕石敷苔《ちんせきふたい》の席に臥《ふ》して、法水を甘露池の流れに酌《く》む。観念を安体の助けとなし、智行を延寿の媒《なかだち》となす。鷲峯斗藪《しゅうほうとそう》の儀、得《う》べからずして称《とな》うものなり。

惣而《そうじ》（全て）の言はこれ賢の為、愚の為、行の為、学の為、大権《たいごん》垂迹は寿の為、福の為、国の為、民の為にして和光同塵なり。これすなわち、いちいち表示、おのおの奇特の説を欲して啡々《ひひ》憤々《ふんぷん》、語を欲し、涙は言に先んじて落つ。その一隅を挙げ誰か三端《さんたん》を叩かず。

【言葉】一念称名＝ひたすら仏・菩薩の名を唱える。素懐＝願い。七仏＝釈迦までの七人の仏陀。正覚＝真の悟り。三乗修行＝声聞乗《しょうもんじょう》（仏の教えを聞いて悟る）、縁覚乗《えんがくじょう》（独りで悟る）、菩薩乗（自分よりまず他者を救う実践）の三通りの修行。衆生の能力に応じて悟りに導く教えを三種の乗物にたとえた。上根上智＝仏道を修める能力が優れていること。四種法身＝密教が説いた四種の法身。自性《じしょう》・受用《じゅゆう》・変化《へんげ》・等流《とうる》。三密＝密教の三つの教え。身密《しんみつ》（手に諸仏の印相を結ぶ）、口密《くみつ》（口で真言を唱える）、意密（心で諸仏を観想する）。下根下機＝仏の教えがすぐわからない衆生。上根上智の対照者。三所和光＝熊野権現のやわらかな光。二世の求願＝現世の安楽と来世の往生。随類＝仏・菩薩が衆生の能力・素質の相違にてらして教化する。感応＝信心が神仏に通じること。五相成身＝密教で、五つの修行を通じて本尊大日如来と同一になること。三越《みこし》の嶽＝熊野古道・中辺路《なかへち》の本宮近くに三越峠がある。瑜伽＝精神集中の修行法。密教の教えによって精神を集中させれば月も明るく照らす。妙法山＝那智の妙法山のことか。古来信仰を集め、死者は「しきみ」の枝を手にこの山に登るといわれた。中腹に阿弥陀寺がある。叢祠＝ちいさな祠《ほこら》。断穀絶煙＝絶食し火も焚かない苦行。枕石敷苔＝苔の上で石を枕に寝る。法水＝仏法が衆生の煩悩を洗い去るのを水にたとえていう。甘露＝おいしい液体。観念＝精神を集中させ、仏や浄土の姿を思念すること。智行＝智慧と修行。鷲峯＝大峯山を指す。『諸山縁起』では、大峯山は霊鷲山《りょうじゅせん》（釈迦がそこで説法したとされるインドの山）の一角が欠けて飛来したもの、としている（『日本思想体系20　寺社縁起』岩波書店、一九七五年）。大峯山系の中では釈迦ケ岳などが「飛来の山」とされてきた。斗藪＝修験者が山道を一心不乱に歩く。大権＝熊野権現。和光同塵＝仏・菩薩が本来の徳を隠して俗世に現れること。奇特＝すぐれた。啡々憤々＝言い争うことか。三端＝君子が避けるべき三つのこと。文士の筆端、武士の鋒端《ほうたん》、弁士の舌端。つまり筆・武器・弁舌で人と争うなということ。

そもそも金峯山《きんぷせん》は胎金《たいきん》両部の一界をなすによって、この記に加え注するなり。観《み》ればそれ厥《けつ》（ぬかずく）の地を金峯山と称す。はるかに龍華《りゅうげ》の下生《げしょう》を期す。そのところに笙《しょう》の岩屋あり。還りて鷲嶺《しゅうれい》の西域に徧《さみ》す。八大童子の威光を拝し、三十八神の垂迹を仰ぐ。ここをもって役優婆塞《えんのうばそく》（役行者）錬行《れんぎょう》の路《みち》。青巌の勢い雲に挿《はさ》み、蔵王権現利生《りしょう》の庭、朱楹《しゅえい》の構え日に輝き、勝絶限りなく観遊且千《ちじばかり》なり。いわんやまた深禅、夜閑にして猿は長松《ちょうしょう》の月に吟《ぎん》じ、苦行秋蘭《しゅうらん》、鹿は小笹の露に鳴く。勘録《かんろく》の才拙《つたな》くして讃揚《さんよう》の詞《ことば》短し。ただ代々の記文を勘《しらべ》て家々の秘伝を窺《うかが》う。博《ひろ》く覧《かんが》み、深く索《さぐ》りて殺青《さっせい》たちどころに終わる。勒《ろく》して二十巻をなす。命《なずけて》熊野山略記と号す。しかいう。

【言葉】金峯山＝吉野から山上ケ岳に至る山々の総称。胎金＝胎蔵界と金剛界。胎蔵界は母体の意で一切を含有することにたとえる。金剛界は大日如来を智慧の方面から明らかにした部分。熊野は胎蔵界、吉野は金剛界に属するとされる。龍華＝龍華三会《さんえ》。釈迦入滅後五十六億七千万年ののちに弥勒菩薩が現れ人びとを救済するための説法をするという三回にわたる法座。下生＝神仏がこの世に現れること。笙の岩屋（窟《いわや》）＝大峯山系の大普賢岳東方の岩壁にある自然窟。多くの修験者が籠り修行をした。褊す＝狭く、こじんまりとある。八大童子＝大峯八大金剛童子のことか。役小角《えんのおづぬ》（役行者）の守護神で、修行路の要所で祀られる。三十八神＝役行者は賀茂・春日・熊野など名だたる三十八神を金峯山に勧請、祀ったとされる。錬行＝苦行。利生＝仏が衆生に与える利益。楹＝柱。勝絶＝景色や味わいなどきわめてすぐれていること。且千＝数多い。長松＝高い松。秋蘭＝フジバカマ。勘録＝調べて記録すること。殺青＝製茶の最後の過程。生茶を加熱し、葉の酸化作用を抑える過程。勒する＝書きとどめる。

【解説】初めの「震旦を引い」から、ここの「命熊野山略記と号す」までは、全体の序文に相当すると思われる。その最初に「○前欠」とあるため、序文の冒頭を飾る文章があったのかもしれない。

熊野山略記巻第一　類聚諸記

本宮

縁起に云う。證誠《しょうじょう》大菩薩家津美尊《いえつみのみこと》は本地《ほんじ》無量寿仏の垂跡《すいじゃく》（垂迹）なり。誓って曰く、我は摩竭陀《まがだ》国分断修善《しゅぜん》の砌《みぎり》（場所）を捨てて、大日本国紀州無漏（牟婁）郡に影《よう》向《ごう》、一切衆生の益を利し、二世の悉地《しっち》を就《つけ》て成す。ゆえに参詣し祈念到せば、すなわち貧苦を除かれ富楽を得しめん。しかる後、しばらくを垂迹の本国に送って、貴家に生まれ花軒《かけん》を飛ばしめて、ついに本地の浄土に迎えられ、蓮台に座し宮殿に遊ぶ。

【言葉】類聚＝同種の事柄を集めたもの。證誠大菩薩家津美尊＝本宮大社の主祭神家津御《けつみ》子《こ》大神。證誠は阿弥陀仏の救いが真実であることを示す。無量寿仏＝阿弥陀如来の異名。摩竭陀国（摩伽陀国、摩訶陀国）＝釈迦当時のインドの王国。分断修善＝善行に区切りをつける。影向＝仏・菩薩が衆生を救うためこの世に現れること。二世＝現世と来世。悉地＝修行によって完成された境地。花（華）軒＝貴人の乗る華やかな車。

西御前結宮《むすびのみや》は、本地千手千眼観自在尊の垂跡なり。誓って曰く、我を勧請し我が山を詣でる者は、金剛童子を付けて鎮《しずやか》に擁護いたし、天魔外道《げどう》を退け、永《なが》く怖畏《ふい》を離る。しかる後、我が髪と衆生の髪とを結びて、しばらく天竺の生を受けしめ、我が手と衆生の手を結びて極楽に引導す。

【言葉】結宮＝那智大社の主祭神夫須美《ふすみ》（牟須美）大神。本地仏は千手観音。怖畏＝恐れおののくこと。

中権現《なかのごんげん》早玉の宮は、本地薬師如来の垂跡なり。誓って曰く、左手の早玉の薬をもって我が後ろの密の河にそそぎ、その流れを渡りかの水を浴し人、たちまちに衆病を除かれ永く煩悩を断たるる。しかのみならず、三所の宝前にぬかずきて白き幣《へい》を額に当てて二世の悉地を祈らば、素願みな成《じょう》せん。

【言葉】早玉宮＝速玉大社の主祭神速玉大神。密河＝音無川。衆病＝もろもろの病。幣＝神に祈るときに捧げる紙や布を切って垂らしたもの。ぬさ、ごへい。

熊野三所権現垂迹の事　付　五体王子　四所明神

権現（に至る系譜）は、浄飯《じょうはん》大王、弟は白飯《はくはん》王、その子は四各《しかく》王。（四各王の）第二の女《むすめ》は父なしに天より光胎内に差して懐妊（男子が）誕生、慈悲大顕《じひだいけん》王と号す。但し異説あり、邪正を弁ぜず。

結宮早玉宮は、母雅顕長者《がけんちょうじゃ》の嫡女《ちゃくじょ》（正妻の長女）、父慈悲大顕王なり。

一書縁起に云う、慈悲大王は甘露飯王第二子これなり云々。

若女一王子《にゃくにょいちおうじ》、児宮《このみや》、子守宮は母結宮、父甘露飯王第二子、或る本に云う、慈悲大顕王と号す云々。

この説を用うるべくか云々。

禅師宮《ぜんじのみや》、聖《ひじり》宮は僧形なり。母長寛長者の女、早玉の子なり。

勧請十五所は雅顕長者。

一万十万は勧請十五所の右方上、一万は眷属《けんぞく》、下十万は金剛童子なり。

飛行夜叉《ひぎょうやしゃ》、米持《よねもち》金剛童子は勧請十五所左方の守護神なり。参詣衆生のため守護せしめるなり云々。

【解説】三所権現から十二所権現へ。当初、本宮・新宮・那智の信仰対象は別々だったが十一世紀後半に三山として成立、家津御子神・速玉神・夫須美神が三所権現として共通に祀られるようになった。さらに若宮（若一《にゃくいち》王子、若女一王子ともいう。本地・十一面観音）、禅師宮（地蔵菩薩）、聖宮（龍樹菩薩）、児宮（如意輪観音）、子守宮（聖観音）、一万宮・十万宮（文殊菩薩・普賢菩薩）、勧請十五所（釈迦如来）、飛行夜叉（不動明王）、米持金剛（毘沙門天）と合わせて十二所権現になった。なお大滝の信仰が中心だった那智は飛瀧《ひろう》権現が加わり十三所となっている。

一本縁起に云う

熊野権現は中天竺《ちゅうてんじく》摩竭陀国より天降《あまくだ》り、慈悲大顕王と名す。また家津美尊とのたまう。金峯山《きんぷせん》金剛蔵王は、中天竺波羅奈《はらな》国金輪聖王の末孫、率渇《そかつ》大王と名す。また金剛蔵王とのたまう。鷲峯《しゅうほう》・檀徳両山のふもとをト《ぼく》して仏法、王法を守護させしめ給う。ここに慈悲大顕王、結宮、早玉宮ないし一万十万眷属《けんぞく》、他国衆生を化《か》すため、雅顕長者をもって白《びゃく》して使いとなす。

【言葉】中天竺＝古代インドの中央地域。波羅奈国＝摩竭陀国の西方にあった国。同国に釈迦が初めて説法をした鹿野苑《ろくやおん》（サールナート）がある。トする＝占う。適地かどうか判断する。化する＝教え導く。白して＝言い聞かせて、の意か。

【解説】ここから熊野の神々を古代インドの王族と結び付ける独特の世界が展開する。これは熊野権現のルーツが天竺（古代インド）にあるという話を背景にしている。本書の第一部第六話で紹介したように、このくだりは『大峯縁起』を基にしたと思われる。

（雅顕長者が）天照大神に言（曰《いわ》）く。我は慈悲大顕王・金剛蔵王の使者なり。権現・蔵王、本因縁《いんねん》を説きて王法及び一切衆生を護るため、この地に来りて紀州無漏（牟婁）郡・和州（大和国）吉野の霊地を賜り、住せんと云々。

天照大神曰く。我はかの霊地を免与す、ただし秋津嶋人民の頭の奏《そう》に応ず。

神武天皇云々。これにより雅顕長者、神武天皇に詣で霊地を奏し乞い、すなわち如上《じょじょう》ことごとく与え免《ゆる》さる。

神武天皇五十八年戊午《つちのえうま》冬十二月晦《みそか》夜半に、雅顕長者の勧請によりて、三所権現は紀伊国無漏郡備里《そなえさと》大峯入口、備前《そなえさき》の楠《くすのき》の三本の梢《こずえ》に三面月輪として顕現《けんげん》し給う。

秘々に云う。法（形）俗（体）女（体）の三体、鏡面に顕《あらわ》る。書けず造れず影のごとし云々。

【言葉】秋津嶋＝日本。奏＝天皇に上申する文書。如上＝前述の通り。備前＝備崎は大斎原の熊野川をはさんだ対岸。大峯奥駈道が通り、平安から鎌倉時代に経塚が営まれた。楠＝この後に引用された「熊野権現御垂迹（跡）縁起」では「一位」木になっている。顕現

＝はっきりした形で現れる。秘々＝秘伝。

一所　證誠大菩薩　家津美尊　僧形
一所　西御前結宮　女体
一所　中御前早玉宮　俗体

雅顕長者、供具を備う。十七日奉仕す。同五十九年己未《つちのとひつじ》正月八日、雅顕長者備前を出でて、大峯を通って鷲峯・檀徳両峯を斗藪《とそう》。これ巡りの峯の始めなり。晦山臥《みそかやまぶし》（山伏）の根元なり。蔵王権現は熊野権現と同日同時に、雅顕長者の勧請によりて吉野郡金峯山に湧出《ゆうしゅつ》し給う。この間、雅顕長者は同四月八日出峯せしめ、石南草《しゃくなげ》の花をささげて蔵王権現に供え奉る。これ金峯山安居《あんご》の濫觴《らんしょう》なり。

【言葉】晦山伏＝冬から春にかけて山岳にこもって修行する山伏。山中で大晦日をすごすため、そう呼ばれた。湧出＝蔵王権現の出現。大峯修験の拠点、山上ケ岳の頂上にはそこから蔵王権現が出現したとされる湧出岩がある。また役小角《えんのおづぬ》（役行者）が修行した金剛山には湧出岳がある。安居＝雨期や冬期などに僧院や洞窟に籠り、静かに修養すること。濫觴＝始まり。

【解説】吉野と熊野を結ぶ大峯奥駈《おくがけ》は、熊野から向かうのを順峯《じゅんぶ》、吉野からを逆峯という。

前者は天台宗系の本山派、後者は真言宗系の当山派の修験者が営んだ。


縁起に云う。雅顕長者、正月八日湧出嶽に参詣云々。不審なり。

同戊午歳（年）十二月晦夜半、摩竭陀国正覚山の菩提樹のもと、金剛壇二河の間に飛び来たる。

一本縁起に云う。孝安天皇の御宇《ぎょう》、菩提樹のもと、金剛壇二河の間に飛来云々。

二河は東流《とうりゅう》を熊野河と号す。また尼連禅河と号す。

西流を音無河と号す。また[illegible]河と号す。

二河の間の嶋を新山《にいのやま》と号す。霊亀もってその山を象《かたどる》。よってこれを蓬莱嶋《ほうらいじま》と称す。備前（備崎）を離るること七十二丈なり。


【言葉】金剛壇＝密教修行で使う壇の一種。一丈＝約三メートル。

【解説】熊野川と音無川を引き合いに出すのは、本宮と天竺との類似を強調したいからだろうが、仏教の「二河白道《にがびゃくどう》図」も念頭にあるかもしれない。現世と浄土の間に水と火の河があり、間を白い道が結ぶ。画面右下段（現世）から釈迦が「行け」と促し、左上段（極楽浄土）から阿弥陀仏が「来たれ」と招くという絵図で、一遍上人はこの図を大切にした。

熊野権現御垂迹《ごすいじゃく》縁起　根本縁起と号す
往昔《おうせき》甲寅《きのえとら》年、唐天台山王子晋《おうじしん》の旧跡が遷御《せんぎょ》。

次に日本国鎮西彦山峯に天下り給う。その形体八角水精（水晶）、石高三尺六寸。

次に経ること四ケ年の戊午年、伊予国の石鈇《いしつち》峯に渡り給う。

次に経ること六年甲子《きのえね》才（歳・年）、淡路国の遊鶴羽《ゆづるは》峯に渡り給う。

次に経ること六ケ年庚午《かのえうま》才三月二十三日、紀伊国無漏郡切目山の西の海の北の岸の玉那木《たまなぎ》の渕の上の松の木のもとに渡り給う。

次に六十年が過ぎた庚午年三月二十三日、熊野新宮の南、神倉峯に降り給う。

次に六十年が過ぎた庚午才、新宮の東の阿須賀《あすか》社の北、石淵谷《やぶちだに》に勧請し静め奉る。始めて結《むすび》早玉《はやたま》・家津美御子《けつみみこ》と申す。二宇（殿）の社これなり。

次に十三年が過ぎた壬午《みずのえうま》、本宮大湯原（大斎原）の一位《いちい》木の三本の末（梢《こずえ》）に三枚月の形にて天下り給う。

次に経ること八ケ年の庚寅《かのえとら》才、石田河《いわたがわ》の南、河内の住人熊野部の千与兼《ちよかね》と云う犬飼（猟師）が、猪その長一丈五尺（約四・五メートル）なるを射て後を追い、尋ね上りて石田河を行く。大湯原に行きて見れば、くだんの猪は一位木のもとに死して伏せり。宍《しし》を取りて食うて、くだんの木のもとに一宿を経て木の末を見るに三面の月輪《げつりん》懸《かか》れり。問うて申さく、何《いか》なる月にておわせば虚空を離れて梢には御座すと申すに、月答えておおせのたまう。我は熊野三所権現と申すなり。一社をば證誠大菩薩と申し、今二面の月をば両所権現となん申すとおおせ給う。

【言葉】天台山＝中国浙江省の東部にある霊山。王子晋（王子信）はその地主神。鎮西彦山峯＝福岡・大分県境の英彦山《ひこさん》。石鋏峯＝四国の最高峰・石鎚山《いしづちやま》。遊鶴羽峯＝諭鶴羽山。那木＝梛。熊野地方で尊ばれる樹木。葉脈が縦方向に走り、横に切れにくいことから縁結びの木といわれる。速玉大社境内に大木がある。「玉」は美称か。阿須賀社＝熊野川河口に鎮座する阿須賀神社。石田河＝奈良・和歌山県境の果無《はてなし》山脈に発し、白浜町で紀伊水道にそそぐ富田《とんだ》川はかつて石田川、岩田川などと呼ばれた。千与兼＝文書によって千与定、千代包など猟師の名に相違がある。宍を取りて＝原文は「完を取りて」とあるが宍（野獣の肉）の写し間違いだろう。虚空＝大空、空中。

【解説】

▼このくだりは十二世紀の文書『長寛勘文』の中に残る「熊野権現御垂跡（迹）縁起」からの引用と見て間違いあるまい。『長寛勘文』は長寛年間（一一六三—一一六五年）につくられたのでその名が付いた。勘文とは朝廷の諮問に対して有識者が由来や先例、古文書などを調べて上申する意見書のこと。甲斐国《かいのくに》（山梨県）にあった本宮の荘園を甲斐守《かいのかみ》配下の

役人が荒らしたため、熊野山側が訴えた。それが伊勢と熊野が「同体か非同体か」の大論争に発展した。伊勢神宮と「同体」となれば、その荘園を犯すことは死罪にもなる大罪だからだ。双方の意見が出た中で式部大輔《しきぶたいふ》（式部省の高官）の藤原永範《ながのり》の勘文の中に「熊野権現御垂跡縁起」が引用された。「縁起」と「略記」の大筋は同じだが、細かい相違はある（第一部第二話参照）。

「御垂跡縁起」は熊野権現が猟師の前に示現《じげん》したところまでだが、「熊野山略記」で面白いのは、この後に出てくる「後日談」が付いていることである。

▼阿須賀社（今の阿須賀神社）の神は中世に飛鳥大行事と呼ばれた。対岸の石淵谷には現在、貴彌谷《きねがたに》神社がある。阿須賀社とともに熊野川の河口を洪水や逆流から守る神だった。「熊野権現御垂跡縁起」に新宮（速玉大社）は登場しない。私は後に述べるように、「海から寄り来る神」を迎えるとともに熊野川河口を守った神が新宮の「本つ神《もとつかみ》」だったのではないかと思う。

▼熊野権現の示現を導いたのは猟師だったという筋立ては、海に近い新宮や那智と違って山深い本宮の言い伝えにふさわしい。この話には稲作以前、人びとが獣を追って暮らしていた縄文時代の香りがする。高野山をひらいた空海の道案内をした狩場明神は、二匹の犬を連れた猟師の姿だった。

仏教民俗学の五来重は「修験道の山では一般に狩人開創伝説が多いが、これは山神の司祭者が狩人だったからである。狩人は山神の荒ぶる魂を鎮める鎮魂呪術者であり、また水を支配する能力をもつ山人としての農耕呪術者でもあった」と述べている（『山岳宗教史研究叢書4　吉野・熊野信仰の研究』名著出版、一九七五年の中の論文「熊野三山の歴史と信仰」）。

（犬飼は）三本木のもとに柴の宝殿を造《つく》りて、これを入れ奉る。すなわち一宇の住宅を造りて数日を送る。

ここに修行の僧あり。石田河の本宅に宿す。犬飼の妻に問うて云う。家主をば誰とか申すに、答えて云う。我が夫、ここ河内で一丈五尺の猪を射て即《そく》追い出て後《のち》、その日来返（帰）らず。猪にも似ず大なれば、さだめし猪に食われて死しかという時、僧その女を語らい誘いて相宿《あいやど》す。数日を経てくだんの犬飼来れり。日来《にちらい》の不審を相い問うに、ここに犬飼僧に語り云う。熊野権現降《くだ》り給えり。由来を委《くわ》（詳）しく語る。この僧これを聞き、犬飼を前《さき》として本宮三社に参詣し始む。紀伊国の人びとに披露す。くだんの僧は禅洞上人これなり。以上

【言葉】日来の不審＝「ここ数日どうしていたのか」と猟師に聞いた。前として＝案内させて。

【解説】

▼「熊野山略記」の筆者が付け加えた犬飼とその妻、そしてその僧のエピソードは興味深い。

妻は夫の留守に平然と僧と同衾《どうきん》、僧のほうも帰った夫に後ろめたさを見せることなく現場に案内させる。しかも僧の名前まで書かれている。なんともあっけらかんとして古代の性モラルの一端をうかがわせる。後に出てくる歴代の熊野別当名の最初に「禅洞上人　寺務の始まりと号す」とあるから、彼は「伝説的別当」扱いである。

▼『長寛勘文』で藤原永範が引用した「熊野権現御垂跡縁起」は次の通り（『群書類従　第二十六輯』続群書類従完成会、一九二九年）。

熊野権現御垂跡縁起云　往古甲寅年唐乃天台山乃王子信旧跡也。日本国鎮西日子乃山峯雨降給。其躰八角奈留水精乃石高佐三尺六寸奈留仁天天下給布。次五ケ年乎経天。戊午年伊予国乃石鐵乃峯仁渡給。次六年乎経弖。甲子年淡路国乃遊鶴羽乃峯仁渡給。次六箇年過。庚午年三月廿三日紀伊国無漏郡切部山乃西乃海乃北乃岸乃玉那木乃淵農上乃松木本渡給。次五十七年乎過。庚午年三月廿三日熊野新宮乃南農神蔵峯降給。次六十一年庚午年新宮乃東農阿湏加乃社乃北石淵乃谷仁勧請静奉津留。始結玉家津御子登申。二宇社也。次十三年乎過弖。壬午年本宮大湯原一位木三本乃末三枚月形仁天天降給。八箇年於経。庚寅農年石多河乃南河内乃住人熊野部千與定土云犬飼。猪長一丈五尺奈留射。跡追尋弖石多河於上行。犬飼乃跡於聞弖行仁。大湯原行弖。件猪乃一位農木乃本仁死伏世利。宍於取弖食。件木下仁一宿於経弖木農末月乎見付弖問申具。何月虚空於離弖木乃末仁波御坐止申仁。月犬飼仁答仰云。我乎波熊野三所権現止所申。一社乎證誠大菩薩土申。今二枚月乎者両所権現土奈牟申仰給布云々。

孝照（孝昭）天皇十七年壬午《みずのえうま》、大宇原（大湯原・大斎原）櫟《いちい》木三本の梢に三面の月輪顕《あらわ》れ給う。同二十五年庚寅《かのえとら》、石田河住人、熊野部の千与兼、一丈七尺の大猪を射てその後を追い、三ケ日に至って音無河の辺《あたり》に大猪の死伏せるを見る。彼の宍《しし》を取りて食す。一宿を経たところ、一卑鉢羅樹《ひはらじゅ》（菩提樹の類）の上に三光の月輪顕る。勅《みことのって》曰く、我は結早玉家津美尊と号すなり。千与兼勅《ちょく》を奉《たてまつ》り、一霊の草を折りて三神の籬《まがき》を結ぶ。あまねく遐邇《かじ》に告げ、遠く瑞祥《ずいしょう》を広む。今三日の道は千与兼が行路なり。

同御代《みよ》、十二所権現御船に乗り紀伊国藤代に着岸、楠の上に七十日御坐《ござ》す。これによりて今十二所権現藤代に御座。

その後、孝安天皇の御代、権現船に乗りて切目浦に着岸。一夜を経て出立《でだち》浦に着岸。出立浦より船を捨て稲葉根に着き一夜。この船今は御船嶋と号す。末代に及び机桂（帆柱か）破損。次に滝尻に一夜、次に発心門《ほっしんもん》に一夜。その次に本宮蓬莱嶋（大斎原）新山《にいのやま》の楠木五本の木の上に十二所、藤代の如く影向《ようごう》せり。西より一番の一本には両所権現結早玉、西より二番木の一本には證誠大菩薩、西より三番木の一本には若王子、西より四番木の一本には残る四所王子、西より五番木の一本には四所明神が影向御々《おみ》。そのもとに社壇を造立、当時の造宮これに同じ。

一本縁起に云う。孝安天皇御時、備前《そなえざき》（備崎）より丑《うし》方にあたり河を隔てること七十二丈、新山に中天竺より飛来。五本の木あり、この梢に十二所影向し給う云々。公家家々の記録に云う。崇神《すじん》天皇の御宇《ぎょう》、熊野本宮始る。景行天皇の御宇、熊野新宮始る云々。ここに或る記をもって云う。崇神天皇、新祠《しんし》を千葉《せんよう》に瑩《みが》く。百王於《おい》て洪基《こうき》を伝え、敬神の道ここより起こる。福田《ふくでん》の種これにして来る云々。又云う。天皇熊野山臨幸の時、本宮大廈《たいか》の構《かまえ》すでに成る云々。知るべく。

【言葉】檪＝クヌギ、イチイの読みがある。ここはイチイのこと。卑鉢羅樹＝熊野権現が示現《じげん》した聖木を、釈迦がそのもとで悟りを得た菩提樹に重ねたのだろう。籬＝竹や柴を荒く編んで作った垣。遐邇＝遠方も近辺も。瑞祥＝めでたいしるし。切目・出立・稲葉根・滝尻・発心門＝いずれも熊野古道紀伊路や中辺路の王子の所在地。影向＝神仏が仮の姿で現れること。御宇＝治世の期間。千葉に＝千葉の蓮の花が咲くように美しく、という意味か。洪基＝大きな事業の基礎。福田＝幸福を生む田。布施や供養などの種をまけば幸福として実を結ぶことを田地にたとえたもの。大廈＝立派な建物。

【解説】
▼熊野権現の示現（影向《ようごう》）について、最初の話は『長寛勘文』に引用された縁起とほぼ同じだが、二番目は五本のクスノキの上に現れる。これは三所から十二所に増えたことの説明だろうか。

▼孝照天皇＝第五代の孝昭天皇。二代の綏靖《すいぜい》天皇から九代の開化天皇までは事績（旧辞）がなく「欠史八代」として実在を疑問視する説がある。孝安天皇＝第六代天皇。崇神天皇＝第十代の天皇。神武と同じ「ハックニシラススメラミコト」＝天下を初めて治めた大王（天皇）＝という名を持つことなどから、実在するヤマト王権の初代大王ではないかといわれる。景行天皇＝第十二代でヤマトタケルの父。

御在所縁起に云う

正覚山《しょうがくさん》菩提樹下は新山これなり。伽耶城の風を受け、正覚山の軌《き》を成し貯《たくわ》う。正面東に闢《ひら》けて尼連禅河に対し、礼殿《らいでん》南に向いて龍魚潜宅を成す。腋（脇）門は西接《せいせつ》に立ち陒険《きけん》なる峯を固む。壖門《ぜんもん》北にあり、正覚山の粧《よそおい》を受く。西域記に云う。摩訶陁国鉢羅笈《はらし》菩提山、唐の前正覚山という。西南行十四、五里で菩提樹に至る。正面東に尼連禅河闢き云々。縁起文同じ。西域記明文のあきらかなり。中に卑鉢樹（卑鉢羅樹＝菩提樹）あり。枝葉蒙籠《もうろう》としてしかも冬夏しおまず。下に金剛壇あり。賢劫《けんごう》ところを成して金輪《こんりん》揺るがず。かの中天（中心）に菩提の樹、垣をめぐり五百余歩。東西は長く南北は狭し。過去千仏ここにおいて正覚を成す。この本朝の卑鉢樹は垣の周り五百余歩、東西は長く南北は狭し。垂跡両所これにおいて衆生を利し、大聖善巧《だいしょうぜんぎょう》不可思議のものか。凢《およそ》（凡か）尼連禅河は左に流れ、音無密河は右に流る。顕密《けんみつ》兼備の佳境《かきょう》、胎金不二《たいきんふに》の妙地云々。

崇神天皇御宇、本宮宝殿回廊を造進《ぞうしん》せらる次第
烏《からす》図。この差図（見取り図）は天皇の御祈誓により、烏差図をくわえて落とす。

　これによって、本宮差図をば烏図と号す云々。

證誠殿七尺間。両所宝殿三間二面七尺間。

若宮殿六尺五寸間。禅師、聖、児、子守六尺間　四間。

一万十万勧請十五所、飛行夜叉、米持金剛童子宮五尺五寸間　四間。

礼殿八尺五寸間　七間四面。證誠殿前廊　證誠殿後廊八尺間　七間。

同廊七間このうち御正体《みしょうたい》安置間三間。この中間《なかのま》に縁起奉納。

助音興造《じょおんこうぞう》の時。

三昧僧《さんまいそう》宿所二間　七間　命子舞殿二間　七間。

西門脇七尺間　五間。

経所《きょうじょ》、四方、その外平垣《ひらがき》。以上永長（年間）丙子《ひのえね》（一〇九六年）堀川院御代焼失。以前は記録の如し。

検校《けんぎょう》修理別当快実造営奉る。三山別当湛増《たんぞう》の孫にあらず別人なり。

増宝殿、増礼殿、増長床、増四面廊、寛治四年庚午《かのえうま》（一〇九〇年）堀川院御代正月十六日より始め、大治《たいじ》二年丁未《ひのとひつじ》（一一二七年）崇徳院御代まで三十九年の間これを営み造る。

【言葉】正覚山＝釈迦がそこで修行し、近辺に巨大な菩提樹があったという前正覚山と大斎原の風景を重ねて語っているようだ。礼殿＝拝殿。長床衆と呼ばれた本宮の修験者は礼殿を本拠とした。陁険＝けわしい。壖門＝入口。中天＝天の中心。正覚＝仏の悟り。大聖＝悟りをひらいた人、釈迦・菩薩。善巧＝巧に善に導き、仏の利益を与えること。不可思議＝仏の智や教えはあまりに深いため、通常の思考や言葉ではわからず、表せないという意味。烏図＝山本殖《しげ》生《お》氏は「皇室とのつながりや、烏による吉兆を暗示する伝承であろう。室町時代の修験道教義書の一つ『修験指南抄』「本宮社壇造立之次第」には、円珍が本宮に詣でたとき、霊鳥が嘴《くちばし》に挟んできた社殿図に、社壇造立の謂《いわ》れが示されていたとの伝承がある。吉兆を運ぶ鳥として神聖視され、社堂の造立の一代慶事に結びつけられた説話である」と述べている（『熊野　八《や》咫《た》烏《がらす》』原書房、二〇一二年）。助音＝法要などの間、声を出してうたい、また楽器を奏したりする。それらを行う部屋か。三昧僧＝堂に籠り、もっぱら念仏を唱えたり法華経を読み上げたりする修行僧。経所＝寄進・納経の事務を行い、参拝者に読経などをさせるところ。検校＝社寺の事務を監督する職。修理別当＝修理や営繕を担当する。湛増＝源平時代の有名な別当。田辺に本拠を置いた。壇ノ浦の戦いでは源氏側につき、平家滅亡に一役買った。増宝殿、増礼殿などの「増」は修復・建て増しの意味か。

【解説】

▼顕密兼備、胎金不二。顕密は顕教と密教。胎金は胎蔵界と金剛界。顕教は釈迦が人びとにわかりやすい言葉で説いた教え、密教は師から弟子へ伝えられる秘密の教え。胎蔵界は大日如来を慈悲または真理の方面から説く部門。金剛界は大日如来を智慧の方面から説く部門。不二は「ふたつに見えるが実はひとつである」ということ。

▼證誠殿の廊七間の「中の間に縁起が奉納されている」とあるのに注目したい。これは本宮に参拝した法皇や上皇、貴族がそこで見せられたという『大峯縁起』であろう。修験者の間で秘密裏に相伝された『大峯縁起』をもったいぶって見せたのではなかろうか。

本縁起に云う。神武皇帝五十八年十二月晦《みそか》夜半、（熊野）権現備前《そなえざき》（備崎）に影向、同夜半備前を離れること七十二丈、中天竺より蓬莱新山へ来る。孝安天皇御時、五本木に十二所顕《あらわ》れ、孝照（孝昭）天皇時、船に乗り藤代に顕る。十二所楠の上に居ること七十日を経て終える云々。

当時この記をもって正となすか。

一本宮晦山臥《みそかやまぶし》（山伏）の事

記に云う。聖武天皇御宇、天平宝字二年戊戌《つちのえいぬ》梵僧婆羅門《ぼんそうばらもん》僧正菩提と号す　金剛山に参拝の刻（時）、熊野権現家津美尊・葛木神《かつらぎのかみ》・法喜菩薩、僧正に告げて曰く、日本第一大霊験所根本熊野三所権現は開元世祖の主、伊弉諾《いざなき》伊弉册《いざなみ》尊なり。日本第一の宗祧《そうちょう》、伊勢大神宮は天照大神、日神尊《ひのかみのみこと》これなり。父子《ふし》芳契《ほうけい》、依《よ》って浅からず。

毎年十二月二十七日・二十八日・二十九日三ケ日夜、紀州無漏郡熊野山備里水天山の嶺に権現と天照大神ご対面あり。今対面嶽と号す

神武天皇五十八年戊午《つちのえうま》より当代まで懈《おこた》るものなきなり。しからば彼の本《もと》を送るため、行者の大峯入りを欲す云々。僧正神勅を承《うけたまわ》り、筑前禅師の観久をもって、始めて入峯《にゅうぶ》を遂ぐ。これ晦山臥の濫觴《らんしょう》なり。

その後、唐僧唐招提寺鑑真《がんじん》和尚、醍醐寺聖宝僧正、道命阿闍梨《あじゃり》、声明《しょうみょう》をもって法花（華）経を読み始む。今の能読祖師なり。ともがらそれぞれその節を遂ぐや云々。婆羅門僧正御同行十人。そのうち五人に晦山臥これ仕《つか》え勤む。一筑前禅師観久君、二観芸入寺、三法隆寺珎曉《ちんぎょう》入寺、四東大寺執行五師浄寛君、五法隆寺入寺禅師尊継。

一、本宮安居《あんご》百ケ日供花の事。四月八日より七月十四日に至る。

記に云う。熊野山安居の供花は閻浮提《えんぶだい》第一の勤行なり。数千の客僧採花汲水の役。功を積むこと百ケ日。転経誦呪《じゅじゅ》の労、徳をかさねるものかな。

白河院御代、供花因縁お沙汰これあり。経文を引きて云う。

供花に十種の功徳あり。一、供花のみぎり（とき）諸天常に降臨し、梵（天）王、帝尺《たいしゃく》（帝釈

天）擁護に加わる。二、国王大臣常に恭敬《きょうけい》を致す。三、杵《しょ》、宝珠を得ておおいに自在、さながら大弁功徳天《だいべんくどくてん》（吉祥天）の如し。四、眷属《けんぞく》はなはだ多し。五、一切の人、等しく恭敬を致す。六、飢饉に相《あ》わず。七、刀兵《じんぺい》に相遇《あ》わず。八、魔の為に侵されず悩まされず。九、父母富貴を得る。十、無法国生まれず云々。

（以上一巻）

一、熊野山諸家勘文

【言葉】聖武天皇御宇＝天平宝字二年は七五八年だが、すでに聖武は亡く、この年に孝謙から淳仁に皇位が継がれた。東大寺の大仏開眼会は七五二年のこと。梵僧＝インドの僧。婆羅門僧正＝天平時代に渡来したインドの仏教僧。東大寺の大仏開眼会では導師を務めた。開元世祖＝国を開き祖となる。宗祧＝宗廟。祧は遠い祖先の廟。熊野権現と天照大神＝熊野川に浮かぶ昼嶋には、権現と天照がそこで囲碁に興じたという伝承がある。声明＝節をつけて経文を唱えること。能読＝読経僧のうち秀でた僧は「能読」と呼ばれ尊敬された。安居＝僧が一定期間外出を避け修行に専念すること。夏安居《げ》、雨安居《う》などがある。閻浮提＝古代インドの世界観における人間が住む大陸。仏教では須弥山《しゅみせん》の周囲にある四つの大陸のひとつ、人間の世界（現世）の意味。誦咒＝陀羅尼などを唱じること。梵天・帝釈＝古代インドの神が仏教に取り入れられ、仏法の守護神になった。梵天帝釈と二神一緒に語られることも多い。杵＝密教で、煩悩を断ち切り仏性を表すために用いる法具。形によって三鈷杵《さんこしょ》、五鈷杵、金剛杵などがある。眷属＝仏教では仏や菩薩の従者。恭敬＝慎み敬うこと。

【解説】二河良英氏は熊野三山が「日本第一大霊験所」「根本熊野三所権現」の勅額《ちょくがく》を掲げたことについて「大霊験所とは修験道密教の根本道場なることの意であった」と述べている（『熊野三山信仰辞典』戎光祥出版、一九九八年、の中の論文「熊野那智の信仰」）。熊野三山と修験道が深く結び付いていた例証のひとつだ。またここで熊野権現とイザナキ・イザナミを直結させ、だから権現は伊勢神宮に祀られている両神の子アマテラスとの「芳契（喜ばしい契り）浅からず」とする。それが後に出てくる「熊野伊勢同体説」につながる。

熊野山略記巻第二　類聚諸記

（後筆）「新宮縁起（起）　青岸渡寺尊勝院」

新　宮

それ熊野権現は伊弉諾《いざなき》、伊弉册尊《いざなみみこと》の垂跡、伊舎那大自在天《いざなだいじざいてん》の応作《おうさ》なり。神武聖代に始めて紀州に顕《あらわ》れ、景行宝暦《ほうりゃく》に重ねて宮城を厳《いつく》しゅうす。これ天高く晴れて瑠《る》璃《り》宝月を含み、瞻蔔《せんふく》早や薫《くん》して栴檀《せんだん》香風を交《まじ》う。霊異照章《しょうしょう》して神光燭燿《しょくよう》す。

縁起に云う。

地神《ちじん》五代鸕鷀草葺不合尊《うがやふきあえず》第四子、人王第一神日本磐余彦天皇《かむやまといわれびこ》（神武）御宇《ぎょう》三十一年辛卯《かのとう》、天皇天磐船《あめのいわふね》に乗りて秋津嶋を巡り、紀州の南郊に於いて大熊の奇端《きずい》を拝す。神明の霊夢を感じて神蔵（神倉）の宝剣を得たり。熊野の称号この時に始まれり。

伝えに云う。天皇霊夢によりて宝庫を開け、たちまちに板の上に宝剣立つ。すなわち権現の御体なり云々。

天皇宝剣を得て州（国）中の邪神を伏し、六合《りくごう》を安じて大業を弘《ひろ》む。その後権現、神足を仙龍に課《はかり》て、神居を紫微《しび》に垂る。今の新宮これなり。

それより以降、松柏《しょうはく》の栖《すみか》、日暖かにして鎮護国家の明徳変することなし。枌楡《ふんゆ》の風かぐわしゅうて済度利生の霊威ますます新たなり。

貴賤歩を運び、水月の感隔《へだて》なく、親疎の念を係《かく》る。鏡谷《きょうこく》の響き達し易く、誠に日本第一の霊神伊勢同体の宗廟《そうびょう》なり。

よりてここに伊弉諾伊弉冊の両神を結早玉と称し、伊勢外宮を證誠大菩薩と号し、もって内宮を若女一王子《にゃくにょいちおうじ》と号す。すなわち四所の宮殿に千木《ちぎ》鰹木《かつおぎ》を置く。その謂《いい》たるもっともなものか。

【言葉】 伊舎那大自在天＝仏教の天部における天神の名。欲界第六天の主。応作＝仏・菩薩などが衆生に応じた姿を現す、その働き。「イザナ」の共通からの連想か、『太平記』に「両所権現はこれ伊弉諾伊弉冉の応作なり」と同じ表現が出てくる。宝暦＝宝暦暦《ほうりゃくれき》のことか。かつて使われていた太陰暦、和暦。厳しゅうす＝しっかりした建物を建てた、という意味か。瑠璃＝青色の宝石、もしくはガラス器。瞻蔔＝西域の香りのよい名花。クチナシの花にあてることもある。霊異＝人知の及ばぬ不思議なこと。照章＝あきらかに現れ、という意味か。燭燿＝光り輝く。六合＝上下・東西南北六つの方角、天下・世界のこと。紫微＝中国の天文で天帝の住む場所とされた。松柏＝マツとカシワ。常緑樹《ときわぎ》であることから「困難にも屈しない」「節を守って曲げない」などのたとえ。明徳＝天から与えられた徳性。

枌楡＝ニレの木。神聖な場所、神社などを指す。済度利生＝仏・菩薩が衆生を救済して彼岸にわたすことによって衆生を利すること。水月＝ここは水を凡心、月を仏心にたとえ、貴賤や心の持ちように関係なく衆生を救うという権現のありがたさを表しているのではないか。伊勢同体の宗廟（祖先を祀るみたまや）＝ここで熊野と伊勢は「同体」と明言している。熊野伊勢同体・非同体論については後述。

【解説】

▼地神五代とは皇祖神アマテラスから数えてオシホミミ・ニニギ・ホヲリ・ウガヤフキアエズまで、神武天皇の前の五柱の神をいう。神話によれば、ウガヤフキアエズは天孫降臨のニニギの孫。ニニギ・ホヲリ（山幸彦）・ウガヤフキアエズを日向《ひゅうが》三代と呼ぶ。いわば「カミ」と「ヒト」とを結ぶ存在である。ウガヤフキアエズが母トヨタマビメの妹タマヨリビメを娶って生まれたのが神武四兄弟で、神武が末っ子だった。『古事記』によれば熊野に上陸した神武軍は大熊の出現に失神、その危機を高天原が下した霊剣で救われる。「熊野」の地名由来には諸説あるが、ここでは「大熊」と結び付けている。

▼『熊野山略記』の主張は、イザナキ・イザナミ＝結速玉（那智大社と速玉大社の主祭神）、伊勢神宮外宮祭神＝證誠大菩薩＝本宮大社の主祭神ケツミコ、伊勢神宮内宮祭神＝若女一王子＝アマテラス、という図式になる。

一新宮影向《ようごう》次第

神武天皇第十年庚午《かのえうま》、秋津嶋巡り始まる。異説あり。

同三十一年辛卯《かのとう》、紀州の南郊に於いて大熊の希（奇）瑞顕現。

同四十八年戊申《つちのえさる》、天皇神倉の宝剣を得て馬台《ばだい》の邪神を伏す。宝剣は暗雲の剣と号す。

安寧《あんねい》天皇十八年庚午、（権現）新宮神倉に垂跡。切目に六十年御座《ござ》後座《いま》す。

孝照天皇五年庚午、新宮京（東か）阿須賀社の北、石淵《やぶち》幾彌谷《いやだに》に二宇の社壇を造り奉り、三所権現を勧請。

同御宇《ぎょう》二十三年戊子《つちのえね》、下熊野に大熊現れ、神蔵に三面の月輪と現る。是与《これよ》（後に出てくる猟師是世）と裸形上人、神殿を造る。

同二十九年甲午《きのえうま》、九月十五・十六両日、新宮乙暮河原《おともがわら》に貴男貴女顕《あらわ》れ給う。伊弉諾伊弉冊の霊魂云々。

同五十三年戊午《つちのえうま》、裸形上人岩基隈《いわもとこし》の北の新山《にいのやま》に三所権現を崇《あが》め奉る。これを新宮と号す。

孝安四十八年丙子《ひのえね》、熊野新宮焼失。三所神鏡飛び出し榎《えのき》に懸《かか》り、その後仮殿《かりどの》御遷宮の時、また人の手をかけ奉らず飛び入り給う云々。

景行天皇御宇五十八年戊辰《つちのえたつ》、新宮大廈の締《てい》を致す。社壇を倍に構《かま》え、間の回廊美を尽くす。よって官の外記《げき》に云う。景行天皇の御宇、新宮始まる云々。

日本旧事本記《くじ》に云う。

伊弉册尊、火神を生むとき、灼《や》かれて神退去《さ》りましぬ。ゆえに紀伊國《きのくに》熊野の有馬の村に葬る。土俗《くにひと》この神の魂《みたま》を祭るに、花の時はまた花を以《も》て祭り、また鼓吹《つづみふえ》幡旗《はた》歌舞を用《も》て祭ると。裏に言う、注に云う、熊野権現垂迹これより始まる云々。

同記に云う。伊弉諾尊親しく泉国《よみのくに》（黄泉国）を見て曰く。是不祥なり。泉門《よみちのかど》を塞ぐべしとて大神を置く。泉道守《よみちもり》の大神と号す云々。伝えて云う。この神熊野山に在《いま》す。よって参詣の客吏に横死なし云々。

縁起に云う。

神蔵権現は、

孝照天皇御宇二十三年戊子、猟師是世、新宮熊野楠山《くすやま》に於いて一丈二尺の大熊三頭走るを見て、これを射んと欲し追うて行く。この熊西北の巖上に至りて、にわかに三面の神鏡と現す。神霊巍々《ぎぎ》たり、光明照曜《しょうよう》す。是世仰いで信のあまり弓箭《きゅうせん》を折り捨て懈《おこた》りなし。

裸形上人出来《いでき》して、三面の鏡の上に一宇の神殿を造り（神鏡を）覆う。勤行三十一年、戊子歳より戊午《つちのえうま》歳に至る。今の神蔵権現これなり。

裸形上人勤行の隙《すき》に、南海の船に向かい飲食を乞う。乞い随《したが》いてこれを施《ほどこ》す。あるいは一石あるいは二石三石、有るに随いて負い荷《にな》うこと自在なり。凡《すべて》（几は凡か）平《へい》の足駄《あしだ》に懸《か》け、海上を行くこと陸地の如し。
ある時南蛮の江賓主《えびす》（夷・戎・狄なども書く）船に乗りて来る。悪風にあい、その船損打《そんだ》をこうむる。七人の夷のうち三人は船を儲《もう》け本国へ還る。残る四人はここに留まる。裸形上人、物を乞い四人の夷を養育す。船が寄らず乞うもののなき時は四人の夷、魚を取る。権現に供具を備え、上人施す。彼の夷は子孫繁昌して新宮氏人となる。彼の上人は如意輪観音の化身なり。猟師是世の前生《ぜんしょう》は熊なり。今は阿須賀大行事これなり。

【言葉】 馬台＝邪馬台の略、日本国。安寧天皇＝第三代天皇。石淵幾彌谷＝熊野川の対岸、三重県紀宝町鵜殿《うどの》、現在貴彌谷《きねがたに》神社があるところ。乙暮河原（乙基河原）＝熊野川の河原で御船《みふね》祭では神幸船と斎主船がそこに上陸する。岩基隈の北の新山＝乙基河原の上、新宮の背後にそびえる千穂ケ峯の山すそ。外記＝律令制で先例の勘考、儀式の執行などを担当した官職。日本旧事本記＝記述から見て『日本書紀』（日本紀《にほんぎ》）のことだろう。不祥＝不吉。泉道守の大神＝『日本書紀』は「泉門《よみど》に塞《ふさが》ります大神、またの名は道返大神《ちがえしのおおみかみ》」と記す。「この神が熊野にいるから参拝者の不慮の死はない」という一説も載せてPRしている。巍々＝高く大きいこと。照曜＝照り輝く。弓箭＝弓と矢。平の足駄＝歯の低い下駄。浮下駄のようなもので海上を歩いたのか。阿須賀大行事＝熊野川の河口を守る阿須賀神社の祭神は中世に阿須賀（飛鳥）大行事と呼ばれた。ここでは猟師是世の前生は熊で、今の阿須賀大行事とする。

【解説】

▼「孝照天皇二十三年」から「阿須賀大行事これなり」までは、『大峯縁起』の記述とよく似ており、そこからの引用だろう（第一部第三話参照）。『大峯縁起』は熊野・大峯修験者が相伝した根本文書で、熊野御幸の上皇や法皇は本宮證誠殿で「大峯縁起」を閲覧するしきたりだった。宮家準氏によれば、天理大学、京都大学、吉野喜蔵院の所蔵本が残っているが、天理本が一番整っているという（『岩波講座　東洋思想第一五巻　日本思想1』一九八九年の中の論文「修験道の思想――『大峰縁起』を中心として」）。

▼「南蛮」は本来、南に住む蛮族の意。ここでは黒潮に乗って南方からやってきた人たち。えびす（多様な神格をもつ神）をそう呼ぶこともある。イザナキ・イザナミは最初の子ヒルコ（骨なし子）を葦船《あしぶね》に乗せて海に流す。そのヒルコが来訪神「エビス」になったという言い伝えもある。

▼イザナミの死後の祭典の記述は『日本書紀』神代下の一書《あるふみ》とほぼ同じ。熊野市有馬町の花の窟《いわや》では年二回、その様子を再現する「お綱掛け」神事が催される。『日本書紀』神代上の記述は以下の通り（岩波文庫『日本書紀㈠』一九九四年）。

一書《あるふみ》（第五）に曰はく、伊奘冉尊、火神を生む時に、灼《や》かれて神退去《かむさ》りましぬ。故《かれ》、紀伊国の熊野の有馬村《ありまのむら》に葬《はぶ》りまつる。土俗《くにひと》、此の神の魂《みたま》を祭るには、花の時には亦《また》花を以《も》て祭る。又鼓吹《つづみふえ》幡旗《はた》を用《も》て、歌ひ舞ひて祭る。

▼「新宮縁起」で裸形上人が登場する。那智山青岸渡寺《せいがんとじ》では「仁徳天皇の時代にインドから熊野に漂着し、同社をひらいた」と伝承されているが、ここではもっと早く、第五代孝昭天皇のときに熊野権現を勧請し新宮をひらいたことになっている。

裸形上人について『紀伊続風土記《しょくふどき》』の那智山の項には「社家相伝へて当山の草創を仁徳天皇の御世とす　又曰《いわく》往昔裸形上人といへる高僧あり　権現を此地に勧請し其傍《そのそば》に庵《いおり》を結《ゆ》ひて如意輪観音を安置し権現に奉仕す　其庵は　即《すなわち》今の如意輪堂なりといへり」と書かれている（『紀伊続風土記㈢』歴史図書社、一九七〇年）。那智大社に隣接する青岸渡寺の本堂が如意輪堂である。

一、本縁起に云う。

新宮権現は、

孝照天皇五十三年戊午歳、裸形上人は岩基隈《いわもとこし》或いは岩崎北の新山《にいのやま》に於いて三所権現を崇め奉る。是を新宮と号す。その地、体をなす。新山は当御在所是なり。新宮上の辻をば児峯と号す云々。

山頭は大熊の瑞を顕《あらわ》し、社辺に霊亀の相あり。左青龍《せいりゅう》右白虎《びゃっこ》、前朱雀《すざく》後ろ玄武《げんぶ》。四神相応の霊地、両所垂迹の実地云々。

また裸形上人自ら釣を垂れし所あり。今は釣坂と号す。俗名土坂《とさか》。

また大蛇あり。岡輪山は彼の身なり。飛鳥方を頭と為し、千束を尾と為す。飛鳥の山は如意宝珠なり。白狐今ここにあり。また蓬萊嶋あり、霊亀あり、生身《しょうじん》の九頭龍あり。新宮湊《みなと》にこれあり。高野坂の下に住する時は、彼の海深くして坂の下の人は往来せず。宇殿（鵜殿）に住する時は高野坂本遥かに浜をなして往来す。厳重奇特なり。

蓬萊嶋は亀甲という所二所あり。一所は御前の芝頭高芝なり、一所は高山のツツキノ（続きの、か）上の山を亀山と云う。すなわち蓬萊嶋これなり。

新宮縁起に云う
伊弉册尊、日神（アマテラス）月神（ツクヨミ）蛭子（ヒルコ）素盞尊（スサノヲ）を産みしのち、紀州有間村（有馬村）新宮東、産田宮《うぶたのみや》に（於て）火神（カグツチ）を産む時、にわかに焼かれ隠れ給えり。

その霊魂大般涅槃岩屋《だいはんねはんいわや》にあり。今現にその跡ありや。すなわち。

孝照天皇二十九年甲午《きのえうま》九月十五・十六両日、影向《ようごう》これ給いし貴男貴女は彼の霊魂なり。これによりて産田宮の祭礼に、大般涅槃岩屋俗に大般若《だいはんにゃ》と号す石屋に七五三《しめ》（縄）を引く云々。

新宮御祭には、宗廟《そうびょう》の礼奠《れいてん》を備《そな》（供）え、当代に至る先例を任じ、影向の日を點（黙《もく》か）して、九月十五日中御前早玉をまず御輿《みこし》に乗せ奉りて、また葦毛《あしげ》の馬に唐鞍《からくら》をおいて、馬の左右の口に百支縄《ひゃくしつな》を付けて、その縄に別当、権《ごん》別当、禰宜《ねぎ》、祝《はふり》、新宮那智の諸人ならびに参詣の道者、別当の妻室など衣袖《きぬそで》を違《たが》えかぶりて左右の縄に取りつきて、熊野河の端に御出《おんいで》る。（そこで）御輿を新造の御船《みふね》に移し奉る。御船嶋を廻ること三度《みたび》、終えて御輿を嶋上に舁居《かきすえ》（担ぎ据え）奉り、禰宜ら五尺のまな板の上に三尺の魚を切り盛りて、権現御供《ごくう》に備え奉る。禰宜六人祝六人、御残位《なおらい》（直会）を食して彼の嶋を廻ること三度、終えて御輿に水を灑《そそぎ》奉る。また禰宜祝など灑（浴）し後、御宝殿正面より還御《かんぎょ》給わしむ。

次に西御前は九月十六日御輿に乗せ奉りし後、（御）輿の四方に四脈の縄を付け、熊野別当ならびに禰宜等皆縄に付く。昔裸形聖人は先を舁《か》き（担ぎ）夷《えびす》は後を舁くの例に任《まか》せ、一の禰宜は先を舁き、二の禰宜は後ろを舁く。六人の禰宜舁き奉る。後ろの愛所山《あいそのやま》より熊野河端に御出で、新造船に御輿を移し奉り、御船嶋を廻ること三度なり。御輿を嶋上に舁居《かきすえ》奉りし後、孝照天皇万歳と云う。また御船に乗りて嶋を三度廻って還御。還り入る時は愛所山の後戸《うしろど》より宝殿に入り給うなり。次に證誠権現御宝前には精進御供を備えるなり。十一月十五日、證誠権現に精進御供を備え、両所に魚類の御供を備え、孝照天皇万歳楽《まんざいらく》を唱し歌う、前の如し。

同御宇《ぎょう》五十三年戊午、裸形上人、岩基隈の北の新御山《にいのみやま》或本に云う岩崎に十二所権現を崇め奉る或本三所権現。是を新宮と号す。

垂迹の始め権現は龍蹄《りゅうてい》に垂れ、新宮鶴原大高明神《たつはらおおたかのみょうじん》の前の十二本の榎《えのき》のもとに降臨。まず千《ち》尾峯《おのみね》（千穂ケ峯）に立ちて、奉幣司《ほうへいし》をもって権現の氏人を召さる。氏人は天竺に御座の時、官人千与定と云うものあり。その子嫡子《ちゃくし》雅顕長者《がけんちょうじゃ》、次男裸形上人、三男長寛長者。その子比平符《ひへいふ》将軍、その子漢司《かんし》符《ふ》将軍、その弟奉幣司などなり。

すなわち漢司符将軍唐より先に日本に遣《つかわ》さるの嫡子真俊《まとし》は忝《かたじけなく》も先ず権現を榎のもとに請い勧め奉るよって榎本姓を賜《たまわ》る。二男基成《もとなり》は猪子《いのこ》二（「亥の子に」か）白い丸餅を進（勧）めるよって丸子姓を賜る。三男基行《もとゆき》は御馬草《まぐさ》のため稲（穂）を進めるよって穂積姓を賜る。

この三人次の如く号す。榎本宇井党鈴木党。三人仕え給わしむ。


【言葉】四神＝中国神話で天の四方の方角を守る霊獣神。東・青龍、西・白虎、南・朱雀、北・玄武。奈良県明日香村の高松塚古墳やキトラ古墳の四方の壁に描かれた。厳重奇特＝霊験あらたかで、とくにすぐれている。大般涅槃岩屋＝花の窟《いわや》のこと。海辺の巨岩で、海蝕でできたくぼみは「ほと穴」と呼ばれ、イザナミの墓所とされてきた。その西方に産田神社がある。「お綱掛け神事」は毎年二月二日と十月二日に花の窟で催される。「岩屋にイザナミの霊魂がある」とするが、その跡があるかどうかは明言を避けている。また注連《しめ》縄《なわ》を引く行事が「産田社の祭り」であるというところにも注目したい。唐鞍＝唐風の儀式用の鞍。祝＝禰宜の次位の神職。御供＝供え物。直会＝神に捧げた酒や神饌をいただく宴。

愛所山＝不明だが、速玉大社の裏手に相筋《あいすじ》という地名がある。万歳楽＝雅楽の曲。めでたい場で演じられる。龍蹄＝すぐれた馬、駿馬《しゅんめ》。新宮鶴原大高明神＝どこにあったか不明だが、郷土史家の山﨑泰氏によれば、新宮城（丹鶴《たんかく》城）から南東、王子浜までの地域を昔「鶴原《たずはら》」と呼んだという。現在は、その一部に「田鶴原」という地名がある。亥の子＝旧暦十月の最初の亥の日のこと。その日に餅（亥の子餅）を食べる風習がある。

【解説】

▼ここに新宮（速玉大社）の秋の大祭の説明がある。十五・十六日の両日にわたるのは同じ（現在は新暦で十月）だが、祭事の手順や中身がやや異なる。今十五日の主祭神速玉大神の祭りは「神馬《しんめ》渡御式」と呼ばれる。大神の神霊が本社から阿須賀神社に向かい、帰りは神馬に乗って戻る。神霊は再び本社を出て熊野川の河原につくられた御旅所《おたびしょ》での神事のあと、宮司の懐に納められ本社に帰る。翌十六日の御船《みふね》祭は夫須美《ふすみ》大神（那智大社の主祭神）の祭り。神輿に乗せられた神霊は河原で神幸船《しんこうせん》に遷される。神楽の奉納がすむと、下流に控えていた九隻の早船が一斉に漕ぎ出し、上流の御船島を三度廻って速さを競う。あとから神幸船も三度廻る。御船島は聖地で普段は立ち入ることができない、熊野に多い「社殿のない神社」でもある。

▼ここから、天竺の王族と裸形上人、そして熊野の古い氏族で三山の有力社家だった榎本・宇井・鈴木（熊野三党）をひとまとめにする『熊野山略記』独自の系図が「南蛮退治」

の物語とともに展開する。
▼熊野三党のそれぞれの姓の由来譚も登場する。丸子は後に宇井、穂積は鈴木と名乗った。稲は稲穂のこと、神馬の飼料として捧げたのだろう。三重県紀宝町鮒田の牛鼻神社は三党の祖先神を祀っている。一説には神武のピンチを救った高倉下《たかくらじ》がその祖先という。『紀伊続風土記』牟婁郡大野荘鮒田村の項に「鈴木屋敷跡」との説明があって「村中川端（相野《おの》谷《たに》川沿い）にあり　熊野の旧家鈴木氏の宅地の跡といひて大なる塚あり」と書かれている。『紀伊続風土記』が編纂された江戸後期にはすでに屋敷はなかった。
一方、和歌山県海南市藤白に鎮座する藤白神社には「鈴木屋敷」がある。平安時代に熊野の地から移った鈴木一族が住んだといわれる。系図で熊野三党の祖とされる漢司符将軍、その親の比平符将軍がどのような人物かは不明。大陸系で道教の香りのする名前だ。

桓武天皇御宇《ぎょう》、熊野山蜂起。南蛮併《あわ》せて乱を成す。よって榎本宇井鈴木の輩《ともがら》に征伐せしめんと擬《はか》る。
ときに榎本氏嫡々《ちゃくちゃく》、比叡山の衆徒と為し真継《しんけい》律師と号す。彼の律師を召し大将軍に擬《ぎ》す。真継辞《ことわ》り申すところ、その夜半夢想の告あり、（お告げ通り）鬢髪《びんぱつ》（頭髪）長く生《お》う。力及ばず、三条大納言有遠《ありとう》をもって（烏帽子《えぼし》）父と為し元服せり。僧綱《そうごう》上者のため参議となすべく旨、勅許を受け、文字（姓名）を改めず宰相榎本真継《まつぐ》と号す。

（桓武の二代後の）嵯峨天皇弘仁元年庚寅《かのえとら》（八一〇年）二月二十八日、真継は赤幡《はた》面に白き金剛童子を顕《あらわ》し奉り、真（継）白云＝表白《ひょうびゃく》して云うの意味か＝錦浦 那智浜宮なり より発向《はっこう》。宇井嫡々兼純《かねすみ》の判官は黒幡面に赤き金剛童子を顕し、紀州日高郡を発ち山内に向う。鈴木党の嫡々真勝《まかつ》の判官は白幡面に黄の金剛童子を顕し、勢州鳥羽浦より発向す。

南蛮の在所は那智と新宮の間、佐野秋津浜《さののあきつはま》、佐野の前の孔子《くし》嶋、愛須礼意《あいすれい》・悪事高丸の城ならびに有間（有馬）、三鬼嶋《みきしま》、九鬼嶋《くきしま》以下所々なり。

三方よりこれを責《せ》（攻）められ、大将礼意、孔子二人は打たれる。彼の墓所香州坂《こうやさか》（高野坂）の上にあり。高丸は落ちて東国へ向かい、坂上田村丸（坂上田村麻呂）により征伐さる云々。

その後、熊野静謐《せいひつ》せしめ、遠近ことごとく参拝せしむるものなり。氏人、権現を崇敬奉る。

【言葉】桓武天皇＝第五十代。在位は七八一年から八〇六年。平安京遷都や蝦夷《えみし》征討で知られるが、非業の死を遂げた弟早良《さわら》親王の怨霊に悩まされた。嫡々＝家督を受け継いでいる人物。僧綱＝上位の僧。嵯峨天皇＝第五十二代。在位は八〇九年から八二三年。坂上田村麻呂への信認が厚かった。赤幡面に白き金剛童子を顕し＝赤地の布に白色の金剛童子を描いた旗を掲げて。錦浦＝丹敷浦、那智浦ともいう。那智勝浦町浜ノ宮の海岸で、観音浄土をめざす補陀落渡海《ふだらくとかい》の僧が船出したところ。勢州＝伊勢国。発向＝そこから目的地に向かう。出陣。

【解説】熊野三党による南蛮制圧は『熊野山略記』から一番多く引用される話であろう。私も坂上田村麻呂の熊野の鬼退治伝承の「種本」として拙著『熊野鬼伝説』（三弥井書店、二〇一二年）に引用した。ここに登場する「南蛮」は裸形上人が面倒を見たという漂着民ではなく、黒潮に乗って渡来、熊野灘沿岸に定着した海の民であろう。地元で勢力を増した豪族が海人系の先住民を制圧した出来事を物語に仕立てたのではなかろうか。

南蛮がいたという地名、佐野は新宮市佐野地区。海に開け古くから稲作も行われた。神武天皇上陸の候補地のひとつとされる新宮市三輪崎の漁港には鈴島と孔島《くしま》（久嶋）と呼ばれる二つの小島がある。日記『中右記《ちゅうゆうき》』で有名な藤原宗忠は天仁二年（一一〇九年）熊野詣をした。阿須賀王子（現在の阿須賀神社）から三輪崎に向かった十月二十七日の日記には「昔、南蛮が住む所の、別れし嶋を見る」とのくだりがある。鈴島と孔島であろう。平安初期の「南蛮の乱」は宗忠の時代まで語り継がれていたことがわかる。

新宮から尾鷲方面に北上すると有馬、三木浦（三鬼浦）、九鬼などの地名が並ぶ。海の民は今の新宮を中心に熊野灘沿岸を活動範囲としていたのだろう。高野坂は新宮から三輪崎に向かう古道で、展望台近くの「首塚」は南蛮の首領の墓と伝えられてきた。その一人の愛須礼意は本書で「あいすれい」と読んだが確証はない。

興味深いのは東国に逃げたもう一人の首領・高丸が坂上田村麻呂によって征伐された、とあることだ。熊野市や御浜町には田村麻呂の鬼退治伝承が残るが、彼は熊野に来ていない。東北から盛んだった熊野詣の人たちや東北まで漁に出た漁民、そして修験者らが田村麻呂伝説を熊野に運び込んだ。それが社寺の縁起や「南蛮退治」の話に取り入れられたと思われる。

系圖　役行者々雅顯長者再誕

千与定（三公位田大臣）

- 嫡子雅顯長者（今号勸請十五所）
  - 嫡女（證誠大菩薩、慈悲大顯王后　結早玉兩所母后）
- 裸形上人（新宮那智建立上人）
- 長寛長者（慈悲大王御倉預　於吾朝者號稲荷大明神、新宮飛鳥大行事是也、）
  - 嫡女（早玉后　禪師聖母）
  - 是与（次男　神倉權現勸請神也、緣起相傳之、或云、禮殿主本地弥勒菩薩云々、）
  - 比平符將軍（三男　於鎭西彥山者號上津河、）
    - 漢司符將軍（嫡子　毘沙門）
      - 眞俊（不動）　○眞繼（宰相）
      - 基成（大日）　○兼純（宇井判官）
      - 基行　○眞勝（鈴木判官）
      - 此神三狐神爲妻、其子三人此一腹也、於鎭西彥山者、號下津尾大明神、於熊野者號牛鼻大明神、本宮新宮共崇之、＊
    - 奉幣司（二男）
- 千与兼（四男　號正三位　本地大日如來）——千与高——千与基——高与兼——基兼——重兼——爲兼——定兼
- 千与明（五男　號正三位、號香壽菩薩）——今堤（御前）曩《のう》（かつて）兩人父、今號本宮三昧僧先祖、尾崎者住所名也、

＊（読み下し）　この神（漢司符将軍）は三狐神《みけつかみ》を妻となす。その子三人この一腹なり。鎮西彦山に於いては下津尾大明神と号し、熊野に於いては牛鼻大明神と号す。本宮新宮ともこれを崇《あが》める。

新宮四家侍者《じしゃ》　榎本氏（有間庄司）　宇井　鈴木　已上（以上）三人號三家、　漢司符將軍　子息三人末孫也、

又一家　宮主氏（新宮祢宜是也、）　千与兼末孫也、　三家爾加宮主氏、號新宮四家侍矣、

（三家に宮主氏を加え、新宮四家と号し侍《はべ》る）

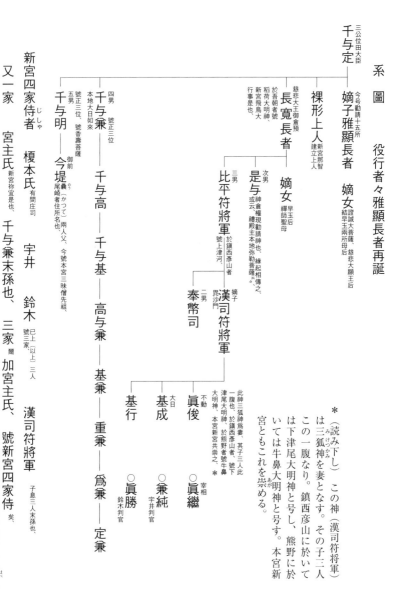

一権現西天御系圖

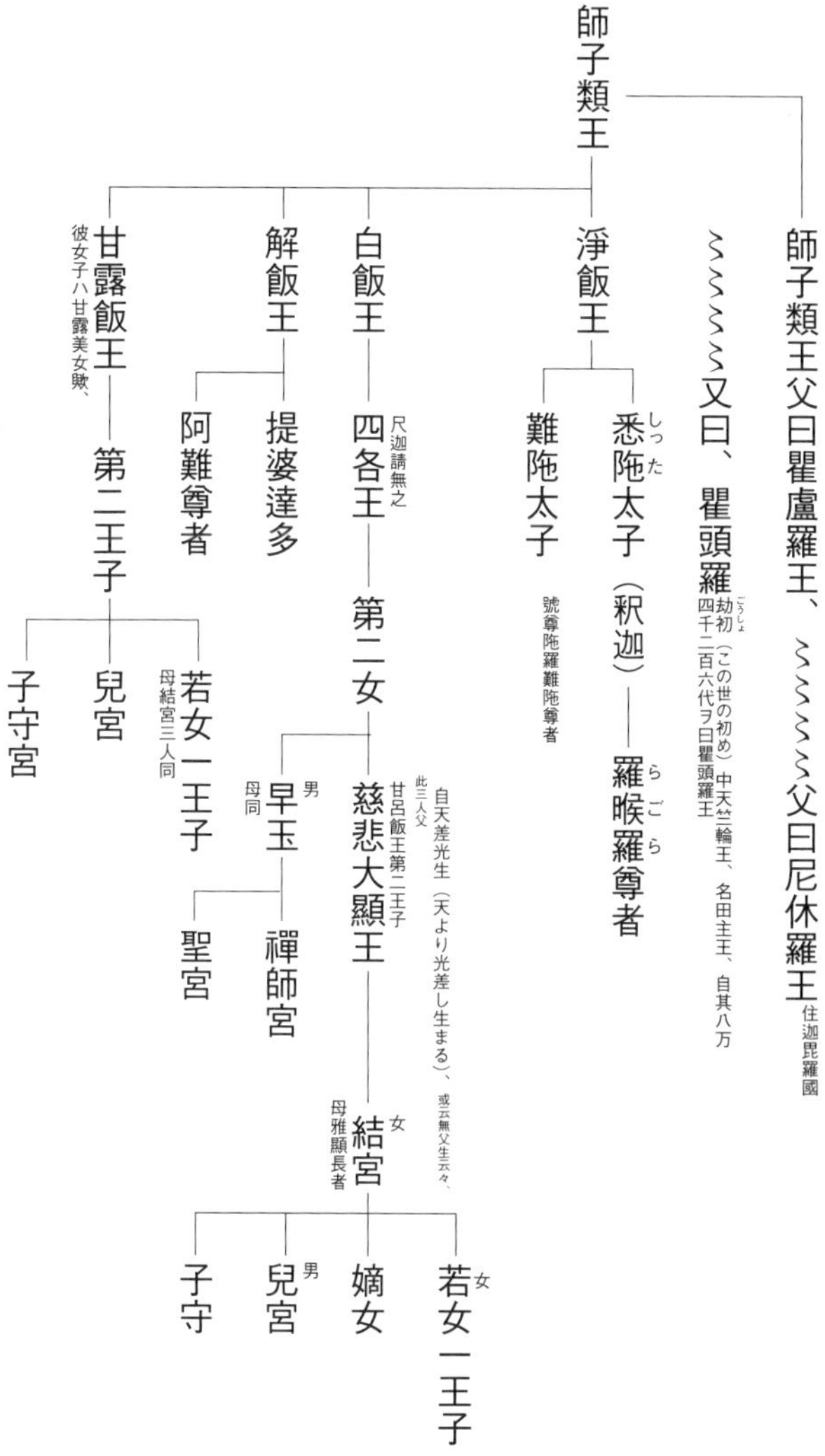

師子類王父曰瞿盧羅王、〻〻〻〻父曰尼休羅王住迦毘羅國
〻〻〻〻又曰、瞿頭羅劫初《ごうしょ》（この世の初め）中天竺輪王、名田主王、自其八万四千二百六代ヲ曰瞿頭羅王
師子類王
淨飯王
悉陀《しった》太子（釈迦）
羅睺羅《らごら》尊者
難陁太子
號尊陁羅難陁尊者
白飯王
四各王
尺迦請無之
第二女
慈悲大顯王
甘呂飯王第二王子
自天差光生（天より光差し生まる）、或云無父生云々、
此三人父
結宮
女
母雅顯長者
若女一王子
女
嫡女
兒宮
男
子守
早玉
男
母同
禪師宮
聖宮
解飯王
提婆達多
阿難尊者
甘露飯王
彼女子ハ甘露美女歟、
第二王子
若女一王子
母結宮三人同
兒宮
子守宮

【解説】

▼「熊野山略記」には系図が二つ載っている。一つは古代インドの摩訶陀国《まがだこく》（摩竭陁国、摩竭提国）の王族の系図、もう一つは王の家臣の系図で、その系譜は熊野三党につながる。前者は慈悲大顕王が日本に飛来して熊野権現となり、その一族が熊野十二所権現になったとする。また慈悲大顕王に仕えた雅顕長者が熊野に派遣され、その兄弟を裸形上人、長寛長者＝飛鳥大行事とし、その子孫に南蛮を退治した熊野三党（榎本・宇井・鈴木）を位置付ける。また本宮の旧社地（大斎原）で熊野権現を感得した猟師・千与兼もその一族に加えた。つまり熊野三山の神や主要な登場人物はみんな仏教が生まれた天竺（古代インド）にルーツを持つとしたわけだ。熊野の権威と名声を高める狙いだろう。

しかしこれには「種本」となる有力な文書があった。『大峯縁起』である。この文書については第一部で随時引用したが、ここでもう一度、その一部に『修験指南抄』の記述も加えて、当該部分を抜粋、紹介したい。『修験指南抄』は大峯修行者の心得るべき要諦をまとめた書で、室町初期の成立といわれている（『神道大系　論説編十七　修験道』参照）。

熊野権現は天照大神の五代の孫で、かつ天から降った天竺摩竭提国の浄飯大王五代の孫、四各王の二女の胎内に宿り出生した慈悲大顕王である。王には、結《むすび》・早玉《はやたま》の両王子、家臣の雅顕長者などがいた。また波羅奈国には天照の七代の孫の率渇大王

（金剛蔵王権現）がいた。権現と蔵王は両国から一万二千里離れたところにある霊鷲山と檀徳山に祀られ、それぞれの国の王法と仏法を守っていた。

　慈悲大顕王の家臣の雅顕長者は王（熊野権現）の命により各地で修行、インドの衆生を救済した。そして「今度は他国の衆生を導きたいので、どの国が良いか教えてほしい」と王に尋ねた。七日後に王は世界中の国のうちから日本を選んだ。そして日本六十六国のうち紀伊国牟婁郡の熊野と大和国吉野郡を適地とし、熊野を権現、吉野を蔵王の垂迹の地と定めた。

　雅顕長者はまず、伊勢の皇大神宮に天照大神を訪ねて「自分は中天竺の権現と蔵王の使者である、権現と蔵王が日本の王法を守り衆生を救うために、牟婁郡の熊野と吉野郡に居を構える霊地を賜りたい」と奏上した。これに対して天照大神は「自分は慈悲大顕王、率渇王の祖ゆえ、霊地を与えるにやぶさかではない。ただ日本の民人の頭、神武天皇の承認を得るように」といわれた。そこで雅顕長者は神武天皇を訪ね、二つの地を譲られた。

　その後、熊野三所権現は牟婁郡に垂迹、證誠大権現は月輪の中に僧形、西御前（結宮・夫須美大神）は日輪の中に女体、中の御前（早玉大神）は月輪の中に俗体の姿を現された。一方、金剛蔵王は吉野・金峯山《きんぷせん》に一尺の水晶として湧出した。

前出のように、熊野権現の大斎原での示現譚《じげんたん》は『長寛勘文』に載った「熊野権現御垂跡縁起」を基にしており、系図の語る天竺の主従（慈悲大顕王と雅顕長者）とは別系統だ。『熊野山略記』は双方の文書から「つまみ食い」したわけである。

▼第一の系図の冒頭に「役行者は雅顕長者の再誕（生まれ変わり）だ」とあるのも、『大峯縁起』による。第一部第七話で述べたように同文書によると、役行者（役小角《えんのおづぬ》）は三度生まれ変わった。

初生は中天竺（古代インドの中央地域）で照王四年に生まれた慶摩童子。彼が二十一歳の時、浄飯王の王子（釈尊）が誕生した。慶摩は釈迦の弟子になり、その入滅を看取って九十九歳で死んだ。第二生はその三百四十七年後に雅顕長者の姉の胎内に宿った。各地で修行して百三十五歳で死んだ。第三世はその千二百四十七年後、日本国に生まれた。第二十五代武烈天皇が皇太子の時代、大伴金村《おおとものかねむら》に殺された平群真鳥《へぐりのまとり》の娘の子、とされる。九歳で出家、十九歳の時母から『大峯縁起』を相伝し、熊野権現や金剛蔵王権現を拝した。彼は四十五年間に三十三度の峯入りを果たし、百九十五歳まで生きたという。

役小角（役優婆塞《えんのうばそく》）は飛鳥時代の実在の人物である。大和国茅原村（現在の奈良県御所市茅原）の生まれで葛木（葛城）山（金剛山と葛城山の総称）で修行を重ね、吉野の金峯山で金剛蔵王権現を感得したといわれる。修験道の開祖とされる人物が神格化され、尾ひれがついて『大峯縁起』のような話にもなった。

一豊受《とようけ》皇大神宮外宮　月神となす由事《よし》

伊勢の或る記に云う。昔天照大神、倭姫命《やまとひめのみこと》に誨《おし》えて曰く、神風伊勢の国は、すなわち常世《とこよ》の浪の重浪帰《しきなみよ》する国なり。傍国《かたくに》の可怜《うま》し国なり。是《こ》の国に居《お》らんと欲《おも》う。これにより天照大神は五十鈴《いすず》（川）の河上《かわかみ》に垂迹。豊受大神は山田原の岩根に宮を卜《ぼく》して、日をなし月をなし永らく懸《かか》り、しかも落ちず。

一陽一陰、しかして難窮常にあり。一天の尊宗、礫余《れきよ》に卓《すぐ》るところ、四海の潤沢《じゅんたく》この国より成る云々。

或《ある》に云う。外宮は国常立尊《くにのとこたちのみこと》なり云々。所詮《しょせん》、證誠大菩薩は外宮と同体なり。

一天照大神豊受皇大神宮と熊野山は、よって同体の神となす。垂迹奇瑞一致なり。

伊勢に於いては朝熊峯《あさまのみね》に顕《あらわ》れ、紀州に於いては熊野山に示さる。

伊勢に於いては宝剣と顕れ、紀州に於いては神剣と示さる。

伊勢に於いては鏡宮に現れ、紀州に於いては月輪と現る。

熊野に鏡と顕れ、神と顕れ、剣と現る。共にもって同体の垂迹なり。誰狐疑《たれこぎ》を胎《はら》むや。

伊勢に於ては魔王約諾《やくだく》の誓旨により、百王鎮護を正すため、済度利生を傍《かたわ》らとなす。熊野に於ては開元世祖の本願を任ず。済度利生を正すため、百王鎮護相並ぶものなり。然らばすなわち新宮は伊勢同体の宗廟と為して、千木鰹木その相をあらわす。本宮は神明超然の霊社と為して、難行苦行その実を顕す。ここにもって伊勢は日本第一宗祧《そうちょう》（宗廟）神明と号し、熊野は日本第一霊験所と称す。両神よって同体となす。日本第一の号は全同なりといえども、真応《しんおう》（真身《しんじん》と応身《おうじん》）によりて差異あり。大霊験の名は超《こえ》過《すぎ》しむるものか。扶桑《ふそう》二十二社に列せぬゆえんなり。日本神名帳《じんみょうちょう》に載ることを欠くは、豈《あに》もってその垂迹、礫《れき》し余社に卓《こえすぐれ》たるにあらずや。その霊験は宗廟に過ぎ超ゆるかな。

【言葉】誨える＝教える、諭す。傍国＝中心ではなく地方。可怜し＝美しい。山田原＝伊勢神宮外宮が建てられた地名。宮を卜して＝占いで宮の適地を決めたということか。一陽一陰＝浮沈。国常立尊＝『日本書紀』で天地開闢《かいびゃく》のとき最初に現れた神。外宮が唱えた度《わた》会《らい》神道では豊受神はこの神とされる。アマテラスより根元の神を祭神（豊受大御神）と同体と位置付け、内宮と対抗したのだろう。所詮＝つまるところ、結局。本宮の主祭神と外宮の祭神を同体として、伊勢と熊野を結び付けた。朝熊峯＝伊勢市と志摩市にまたがる朝熊山。山頂付近に臨済宗の金剛證寺がある。伊勢神宮と関わりが深く、神宮の禰宜《ねぎ》らが極楽往生や来世の安寧《あんねい》を求めて埋めた経塚が発掘された。同寺にある雨宝《うほう》童子像は弘法大師が「天照大神の姿を感得して」自ら刻んだと伝わる。伊勢の宝剣＝スサノヲがアマテラスに献上したという草薙剣《くさなぎのつるぎ》（天叢雲剣《あまのむらくものつるぎ》）のことか。紀州の神剣＝神武のピンチを救った布都御魂《ふつのみたま》。伊勢の鏡宮＝内宮の末社・鏡宮神社か。域内の岩の上に二面の神鏡が祀られていたという。紀州の月輪＝熊野権現は三枚の月形として示現した。狐疑＝（狐が疑い深いように）疑ってためらうこと。済度利生＝衆生を救済して彼岸に渡すことによって衆生を利すること。開元世祖＝国を開いた祖先。真身＝仏の法身や報身、または二身の総称。真理そのものである仏の本体、功徳を備えた仏身。応身＝衆生を救うため仏が様々な形態で出現する姿。化身。二十二社＝国家の大事や天変地異のとき朝廷から特別の奉幣を受けた神社。主に畿内から選ばれ、伊勢神宮は入っているが、熊野三山は入っていない。日本神名帳＝何を指すかよくわからない。延喜式の神名帳（十世紀にまとめられた官社一覧。これに載る神社を式内社と呼んだ）には伊勢神宮と本宮、新宮が入っている。

【解説】

▼伊勢神宮（内宮）の創始について『日本書紀』は、垂仁天皇の時代に倭姫《やまとひめ》が天照大神の鎮座するところを探して各地を回り、伊勢の国に至った。そのとき大神が「是《こ》の神風《かむかぜ》の伊勢国《いせのくに》は、常世の浪の重浪帰する国なり。傍国の可怜し国なり。是の国に居らむと欲ふ」（岩波文庫）といわれたので磯宮《いそのみや》を五十鈴川のほとりに建てた、と語る。このくだりは『日本書紀』の引用である。同書は続いて「則《すなは》ち天照大神の始めて天《あめ》より降《くだ》ります処《ところ》なり」と述べる。『熊野山略記』が「垂迹」という言葉を使うのは「天照の本地は大日如

来」という本地垂迹説によるものと思われる。一方、外宮は平安初期につくられた『止由《とゆ》気宮《けぐう》儀式帳』によると、雄略天皇の時代に等由気大神を丹波国から勧請したことがその起源とされる。

▼『熊野山略記』の冒頭に続いて、ここにも「魔王の約諾」が出てくる。これも『沙石《しやせき》集《しゆう》』が伝える天照大神と第六天魔王との約諾を指しているのではなかろうか。伊勢神宮では形の上で仏法や僧侶が忌避されるが、内実は敬われている、という神仏習合の一説である。

▼神道と仏教がミックスした山岳宗教である修験道からみれば、神仏習合や本地垂迹は抵抗感のない思想だろう。その中で伊勢神宮を意識し熊野三山の地位を高めようとすれば、「伊勢の神と熊野の神は同体」という主張になることは自然の成り行きといえる。真言密教の中心仏である大日如来が天照大神の本地という説や、外宮の豊受大神と本宮の證誠大菩薩の同体論などが通る素地があるわけだ。

しかし「同体」を当然のことと思っているからだろうか、『熊野山略記』の伊勢・熊野同体論は「伊勢は日本第一の神明の宗廟、熊野は日本第一の霊験所だから双方の神は同体だ」というくだりのように、大まかで荒っぽい。

そこに「熊野権現御垂跡縁起」が引用された『長寛勘文』で展開された「伊勢と熊野は同体か非同体か」の議論には緊迫感があった。もし両者が「同体」と決まれば、熊野三山の荘園を荒らした役人は極刑になるからである。そんな状況での当代有識者の議論だけに中身が濃かった。

刑部卿《ぎょうぶきょう》藤原範兼《のりかね》ら「同体」論者は「アマテラスの親神イザナキ・イザナミは双方に祀られている。そうであるならば、伊勢の大神と熊野権現は名称は違うが同じ神だ」「熊野権現はイザナミの霊魂である」「アマテラスはスサノヲとの誓約《うけい》（古代の占い）から誕生したクマノクスヒを我が子とした。この神は若き日の熊野権現ではないか」などと述べた。一方、太政大臣の藤原伊通《これみち》ら「非同体」論者は「淡路に祀られたイザナキは一品《いっぽん》（最高の神格）を受けている。熊野が同格というなら、有馬村に祀られたイザナミはなぜ同じ扱いを受けないのか」「神社には大社、中社、小社がある。伊勢は大社、加茂と住吉が中社で、あとはみな小社である」「熊野権現は（神武天皇を助けた）高倉下《たかくらじ》と称すべきものだが、彼は神武に帰順した饒速日《にぎはやひ》の子だ。臣下の子が伊勢の神と同格のはずはない」「伊勢は天皇以外の奉幣を禁じ、仏事も退けている。熊野はだれでも拒まず、僧侶も受け入れている」などと主張した。

私が見ても「非同体」論のほうに説得力がある。『熊野山略記』の編者はこの論争も読み、知っていたはずだが、「熊野権現御垂跡縁起」以外の個所についてはこの論争に触れていない。都合が悪いところは省いたのだろうか。

一新宮本地垂迹の御名秘所霊跡の事
景行天皇御宇《ぎょう》、大廈締構《たいかていこう》、興造の次第なり。
十三神殿西よりこれを始める。
一、西御前。二、中御前。三、證誠殿。四番、若殿。以上四殿各々《おのおの》なり。皆千木、鰹木を置く崇廟神なり。五番、禅師・聖・児・子守四所王子、一殿これを造る。六番、一万十万・勧請十五所・飛行夜叉・米持金剛童子。五所神殿を一殿五間にこれ居奉る。本宮は一万・十万一所に御座なり。新宮は一万・十万各《おのおの》別に御座なり。
後御社三間。伊勢大日如来・住吉聖観音・出雲大社阿弥陀如来三所御座。神蔵権現は是世勧請。
一所三面月輪　三所権現と号す。

一所神剣本地は不動　愛染。

神蔵霊窟は神剣在る所なり。八葉蓮台すなわち神庫の上なり。蓮台の上に池あり。池広きこと中尊大日如来の習いあり。

池の頭に一丈二尺の熊ならびに八咫《やた》の霊鳥あり。池の側に生身《しょうじん》不動あり、慈氏（弥勒菩薩）出世《しゅっせ》して侍《はべ》る。常燈あり。八葉の下に窟あり。宝剣はこの中にあり。愛染明王《あいぜんみょうおう》の垂迹なり。愛染は愛菩薩十六菩薩の内なり。或記に云う。愛染明王の垂迹は焔（閻）摩天なり。秘々たる可《べし》。

坂口に二石あり 宿願成就の石室と号す。

飛鳥大行事・大宮長寛長者、本地は大威徳なり。神蔵権現の本地は不動明王。飛鳥三所は長寛長者大威徳、比平符、漢司符の三所なり。

事を為《な》すに難儀の時は誓い祈り、飛鳥大威徳に祈禱せしむれば、たちまち成就す。よって五壇供養法の時、不動を中台に為し、大威徳を辺壇に為してこれを賞《めで》る。これゆえ神蔵参籠千日の後、飛鳥参籠千日勤行の仁（人）に宿願ならずなし云々。

下熊野西北山を岡山と号す。浜王子の上をば広津野《ひろつの》と号す。

天岩戸《あまのいわと》 天照大神、高間原（高天原）にて隠れ給いし御在所なり。俗に天山戸《あまのやまと》と号す。空中より落ち来山云々。飛龍《ひろう》権現、魔多羅神《またらじん》御座。天照大神の御体、岩屋に在《いま》す。窟中に秘水あり。夏冬増減なし。

牛鼻《うしはな》大明神 不動毘沙門、屋倉（矢倉）明神、榎本大明神、御船嶋大明神、比平符・漢司符両将軍、飛鳥中社は伊勢・住吉・出雲大社、同東社の三狐神《みけつかみ》は榎本宇井鈴木の母なり。

【言葉】締構＝土台などを築く。興造＝新たに事を起こすこと。八葉蓮台＝花弁が八葉ある蓮華座。密教の曼荼羅は中央に大日如来、八葉に如来、菩薩を配置する。八咫の霊鳥＝熊野山中で神武を導いたという八咫烏。熊野三山のシンボルである。生身＝仏の化身。出世＝煩悩から解脱し悟りを得る。愛染明王＝煩悩（愛欲・欲望・執着）を悟りに変える仏。閻魔天＝運命・死・冥界を司る。密教では各方位を守護する十二天のひとつで南方を守る。

秘々たる可＝神秘的。大威徳＝大威徳明王。五大明王の一尊で西方の守護者。五壇＝密教で五大明王を安置する五つの壇。摩多羅神＝天台宗の一神。常行三昧堂《じょうぎょうさんまいどう》で本尊阿弥陀如来の背後に祀られることから「後戸の神」ともいう。

一新宮御殿奉納仮名書《かながき》縁起に云う。

熊野権現垂迹縁起の事
忉利天《とうりてん》天竺より天降り、迦毗《かび》（毘）羅《ら》国に顕れ、慈悲大顕大王と号す。

一百余歳といえども利益衆生、境にアマネシ（遍《あまね》し＝広くゆきわたる）。

甲寅《きのえとら》歳（年）正月元日、王宮を出でて唐天台山王子晋の旧跡に迂《うつ》る。三百八十人行奉る。

仙人その後日本国鎮西彦山に渡り給う。その形体は八角水精、石高三尺六寸。天下《あめのした》四ケ年を経《へ》給う。

神武御時戊午《つちのえうま》五月五日、伊与（予）国銛鎚峯《いしづちのみね》（石鎚山）に渡り給う。

経ること六ケ年甲子《きのえね》歳十二月晦日《みそか》、淡路国遊鶴羽峯《ゆづるはのみね》（諭鶴羽山）に渡り給う。

経ること六ケ年庚午《かのえうま》歳三月二十三日、紀伊国牟漏《むろ》（婁）郡切目の山の西の海の北の峯の玉那木の淵の上の松木三本に渡り給う。

六十年また庚午年三月二十三日、熊野新宮南の神蔵峯に八尺の剣軍《けんさき》と顕れて魔を鎮《しず》め給う。

経ること六十年また庚午年十二月晦日、天告により新宮の東の阿須賀の社の北、石淵谷《やぶちだに》に勧請し静め奉る。結早玉家津美尊と申す二宇の社なり。

次に十三年過ぎ壬午《みずのえうま》歳七月七日、本宮大宇原（大斎原《おおゆのはら》）の櫟《いちい》木三本の木末（梢《こずえ》）に三面の月輪にて天降り給う。

経ること八ケ年庚寅《かのえとら》年、石田河の南、（河）内住人の熊野部千与包と云う犬飼（猟師）、猪の長さ一丈七尺（或《あるい》は五尺）なるを射る。跡を尋ね追いて石田河上を行き、大猪の跡を尋ね大宇原へ行く。くだんの猪は櫟木のもとに死し伏す。完（宍《しし》）を取りて食す。くだんの木のもとに一宿を経たり。

木の末を見るに三本梢《こずえ》に月形を見給う。千与兼三つの月に申す様《よう》、何《いか》なる御月なれば虚空を離れて大地に生えたる木末には御座すや。

月答えて云う。我は三所権現と申すなり。一の月は證誠大菩薩と申す。今二の月は両所権現と申すと答え給う。

くだんの犬飼、三本木のもとに柴の宝殿を結び、三宇の居《きょ》をこれ奉る。その後日本国衆生は二《に》世利益《せいりやく》を預かるものなり。（犬飼が）三日尋ねて行きし路《みち》を今は三日の道と号す。

本宮は顕れ給う所に社を造り奉る。ゆえに本宮と申す。

新宮は始め顕れ給う所には崇《あが》め奉らず。始めて岩基隈《いわもとこし》の北の御食山《にいのやま》に三所権現を崇め奉る、よって新社を新宮と名し奉る云々。

【言葉】忉利天＝天界のひとつ、欲界における六欲天の第二。剣軍＝先がとがった長剣の意か。二世利益＝現世《げんぜ》と来世の恩恵。現世の幸福や長寿、来世の極楽浄土。

【解説】

▼唐から飛来し大斎原（本宮大社の旧社地）で自らを名乗った熊野権現の話は巻第一・本宮縁起に載っている。ふたつは似通っているから、ともに『長寛勘文』で引用された「熊野権現御垂跡縁起」が原本だろう。

ただここでは唐の天台山から日本に飛来した権現が天竺の慈悲大顕王である、としていることが注目される。慈悲大顕王に関わる一連の話の「種本」は『大峯縁起』である。「熊野権現御垂跡縁起」と『大峯縁起』の両方を読んだ筆者が、双方の飛来譚《ひらいたん》をくっつけようとしたのではなかろうか。

▼さきに「熊野権現御垂跡縁起」と「本宮縁起」との微妙な違いを指摘したが、「本宮縁起」と「新宮の仮名書縁起」は後者に犬飼の名前が二通り出てくるのを除けばほぼ同じだ。神蔵峯に八尺の剣として降臨した、というのは「神武天皇が神蔵で宝剣を得た」という新宮縁起の冒頭と呼応しているのだろう。

（上は「御垂跡縁起」、中は「本宮縁起」、下は「新宮の仮名書縁起」）

日子（彦）山に五年	四年	四年
切目に五十七年	六十年	六十年
神蔵（倉）峯に六十一年	六十年	六十年
阿須加社	阿須賀社	阿須賀社
犬飼の千与定	千与兼	千与包・千与兼
石多河	石田河	石田河

▼小山靖憲氏によれば、「本宮」名称の史料上の初見は、熊野別当らが神領の押領を訴えた永保三年（一〇八三年）九月四日の熊野本宮別当三綱大衆解《さんごうだいしゅうげ》（『熊野御幸略記』）で、「新宮」の初見は『扶桑《ふそう》略記』永保二年十月十七日条（熊野山大衆が新宮・那智の神輿《みこし》を担いで上洛した、という記事）だという（『熊野古道』岩波新書、二〇〇〇年）。別々に展開した本宮・新宮・那智が神々を共通する「熊野三山」として一体化した時期である。

本宮と新宮の名前の由来は諸説ある。ここでは「熊野権現が示現された場所に神社を建てたから本宮」「降臨された神倉山から新宮《にいのみや》へ遷られたので新宮」と説明されている。

私は拙著『イザナミの王国　熊野』（方丈堂出版、二〇一三年）で異なる仮説を提示した。熊野川の河口に鎮座する阿須賀神社は、海からより来る神を迎えた古来からの社である。それに対し「結早玉」は南太平洋から黒潮に乗って運ばれた穀物創世神話（ハイヌウエレ神話）が熊野特有の神格に育ったもの。「結早玉」は今の速玉大社あたりの地に「新《にい》宮《みや》」として祀られ、河口のアスカの神を圧倒した。そう考えたのである。

速玉大社の十月の例祭の初日、神馬渡御式《しんめとぎょしき》では速玉大神の神霊は本社から阿須賀神社に向かい、神馬に乗って本社に戻る。松明《たいまつ》を手にした男（上り子）たちが神倉山の石段を駈け下る二月の御燈祭《おとうまつり》で、上り子たちは阿須賀神社に参拝してから神倉山にのぼる。ともに河口の「本《もと》つ神」であるアスカの神に対する敬意の名残りではなかろうか。

往古人びとが住猟に生きた縄文時代の香りの残る大斎原（本宮の旧社地）には熊野坐神《くまのにますかみ》（後の家津御子《けつみこ》神）と呼ばれた素朴な名の神が祀られていた。そこに来た結早玉という名の「客神」が「本つ神」人気を奪い、『一遍聖絵《ひじりえ》』に描かれたように主祭神の社より大きな相殿《あいどの》に祀られるようになった。「本つ神」の隣りに新来の神の社殿を増設したため、以前からある社を「本宮」と呼んだのではないか。

崇神天皇（孝照とも）庚寅年九月十五日酉《とり》時、新宮乙暮《おとも》（乙基）河原辺りの榎のもとに貴男貴女顕る。同十六日戌《いぬ》時、見給わず云々。

経ること十ケ年庚子歳《かのえね》八月十五日戌時、下熊野に於いて荒相の八尺熊と現る。岩基《いわもと》は昔海なり。隈の北の御食《みけ》山はくだんの海。千与包カメヲツキテ（甕をつきて、か）権現にマイラスル

（参らする）所なり。

権現は摩訶陁《まがだ》国より人体にてツキ毛（月毛＝栗色）の龍にメシテ（召して）、新宮の大明神前の十二本榎のもとに天下り給う。氏人ヤカテ（やがて）猟ヲシテ、供具に備え奉る。ここに三聖人御座す。一人は裸形上人、證誠殿を建立《こんりゅう》。一人は空勝上人、西御前を建立。一人は朗善和尚、中御前を建立給えり。或に云う、空勝朗善は後の造営の時これを造る云々。

【言葉】酉時＝午後六時頃。戌時＝午後八時頃。摩訶（伽）陁国＝古代インドにあった王国。熊野権現のほか、このあとに出てくる賀利（訶梨、加里）帝母も同国から飛来したとされる。

次に那智山は、本（地の）垂（迹）は飛龍権現。最初に根本地主権現と顕れ給う。三重瀧に千手・如意輪・馬頭（観音）と示し現れ御座《まし》けるは、兼ねて現して蓬萊の三山と三御山を名づけ、御座《まします》相なるべく云々。

その一の瀧は新宮の本地（仏）千手観音なり。二の瀧は那智の本地如意輪（観音）なり。三の瀧の本地は本宮の本地馬頭観音なり。飛瀧は三重瀧の惣名《そうみょう》（総称）なり。

【解説】熊野三山の主祭神と本地仏は、古くは権中納言源師時《もろとき》の日記『長秋記《ちょうしゅうき》』に記されている。長承三年（一一三四年）二月一日条によれば、鳥羽上皇の熊野御幸に同行した師時は、本宮で先達《せんだつ》を招き、それぞれの本地仏を尋ねた。先達は「（本宮主祭神）家津王子の本地は阿弥陀仏」「（新宮主祭神）早玉明神は薬師如来」「（那智主祭神）結宮は千手観音」と答えた。これら本地仏によって、本宮は阿弥陀浄土（来世の救済）、新宮は瑠璃《るり》浄土（過去の罪悪の除去）、那智は観音浄土（現世の利益）とされ、熊野三山のありがたさが喧伝された。

ここでは那智の三滝の本地仏が挙げられているが、観音浄土らしくすべて観音菩薩で、三山との組み合わせも通例とは異なっている。

那智山は
仁徳天皇の御時、光峯《ひかりがみね》の山の腰で戌時より十二権現光を指し始めて、卯《う》時に至り賀利《かり》（訶梨）帝母《ていも》女、神母女、幡《はた》をカザシテ、三年三月内裏に神変を顕し御座す。詫《ほこり》て曰く、我が権現三御山と顕るべく御座のよし、神告ありと。
ときに天皇熊野山御山に臨幸、指光顕し御坐《おんま》せ十二権現、と祈請《きせい》申しめ給うところに、飛瀧権現の未《ひつじ》の方に池あり。八功徳池と名する。加里帝母女、錦袋を以《も》て千里（佐野）の浜砂を一夜のうちに持ち来たりて埋め終わる。
彼の所を指して、光峯より十二所権現天下り給うところに十二社壇を作り遷《うつ》し奉るものなり。

くだんの池の底に大蛇二これあり。蛇身得脱《とくだつ》のため五部大乗経を彼の池に入れ奉る所なり。

光峯は那智山丑寅《うしとら》の方なり。彼の光峯の上池より智《ち》證《しょう》大師空勝上人とも金光明経《こんこうみょうきょう》を沈め奉る。それゆえに光を放ちて衆生を利益し給うゆえ、先（光か）峯と名するものなり。

その池のハタエ（端へ）那智山の死亡のカウヘハ、皆人もヤラネトモ（やらねども）、行く昔は池にてアリケレトモ（ありけれども）今は山とナレリ。故に光峯と名するなり。

また瀧の戌亥《いぬい》角に高山あり。最勝王経一部、裸形上人書きてこの峯に納め奉る。最勝峯と号す。

十二所権現御社の後をば妙法山と名す。空勝上人一字三礼《いちじさんらい》にアソハサレテ（あそばされて）、法華経一部石塔に奉納す。この塔は阿育大王（アショーカ王）の八万四千基のその一つなり云々。

蓮寂上人供鉢《くばち》をトハシテ（飛ばして）米を乞う。三時に護摩を焼き、八千枚をタカル（焚かる）。

その遺跡をヲウテ（追うて）今に至る。

ヲキトオル（沖通る）船の上分《じょうぶん》（米）を官米・御米によらずこれを取る。

空勝上人は十八日ごとに一山人の為、孝養・講経を行わる。すなわち観音の化身と云々。これにつき妙法・最勝・光峯と三山を名するなり。

加里帝母、神母女も、摩訶陁国より権現と同じく天下り給う神なり。

空勝上人実名頼慶、裸形上人実名重慶、朗善和尚実名仙然。

花山法皇御参詣時、三重瀧に本地の千手・如意輪・馬頭と顕御《けんぎょ》す。二十八部衆レキレキタリ

（歴々たり）。一説に云う。千手は新宮 礼殿《らいでん》の主と。那智山権現、白砂の上をば知人はハキモノハカサル（履物はかざる）ものなり。この下に大蛇未《いま》だこれ在《あ》らず。

【言葉】仁徳天皇＝第十六代。光峯（光ケ峯）＝那智の大滝の東方にそびえる山、標高六八六メートル。『紀伊国名所図会』に「神光を放ちしによりて光ケ峯と名づけし」とある。卯時＝午前六時頃。訶梨帝母＝もともとはインドの鬼神で人間の子を食べていた。その子を隠し悪行をやめるように諭した釈迦に帰依し、仏法の守護神になった。日本では鬼子母《きしも》神《じん》と呼ばれる。神変＝人知で計り知れない不思議な変異。誇て＝ここでは「誇って」「自慢して」の意味だろう。祈請＝神仏に祈って加護を願う。未の方＝南南西の方角。得脱＝生死の苦しみ、煩悩から脱して悟りにいたること。五部大乗経＝天台宗で華厳《けごん》・大集《だいじつ》・大品般若《だいほんはんにゃ》・法華《ほけ》・涅槃《ねはん》の五経の総称。丑寅の方＝北東。智證（証）大師＝天台寺門宗の宗祖・円珍。金光明経＝金光明最勝王経の略。四世紀ごろ成立したとみられる経典。日本では「法華経」「仁王経」とともに護国三部経に数えられる。死亡のカウヘハ＝死者の霊魂が通うので、といった意味だろうか。戌亥＝北西。最勝峯＝那智大滝の奥にある二ノ滝（如意輪滝）の上の山。光ケ峯、最勝峯、妙法山を合わせて那智三峯と呼ぶ。那智山には巨大な龍が横たわっている、との伝承がある。光ケ峯に尾、最勝峯に腹、妙法山に胸があり、その頭を押さえる位置に如意輪堂を建てたというものだ。一字三礼＝写経の時、一字書くごとに三度仏を礼拝すること。阿育大王（アショーカ王）＝マウリア王朝第三代の王で、紀元前三世紀にインドをほぼ統一した。仏教を保護した王として知られる。三時＝昼三時、夜三時など仏教の勤行・読経の時間。上分米＝領地を通過する年貢米に対して徴発した米（運上米）。官米は国に納める米、御米は領主に納める米。孝養＝親を大切にすること、亡き両親の供養をすること。空勝上人、朗善和尚＝那智で滝修行をしたとされる人。裸形上人・実名重慶＝ここで謎の多い裸形の実名が登場するところに注目したい。二十八部衆＝千手観音の眷属《けんぞく》（従神）。観音信仰の人を守るとされた。

本地

一礼殿執金剛童子、本地弥勒菩薩、智證大師顕れ給う。
湯峯金剛童子、虚空蔵菩薩、波羅門僧正顕れ給う。
発心門金剛童子、大白身観自在菩薩、麁乱《そらん》神降伏《ごうぶく》の体なり。
陁（陀）羅尼菩薩観音は、この神は三山に各顕御すものなり。
湯河金剛童子、陁羅尼菩薩。
石上新羅《いわがみしんら》大明神、文殊、香勝大師垂迹。
湯河・石上二大明神は新羅国の神なり。
近津湯（近露）金剛童子、精進波羅密菩薩。

瀧尻金剛童子、不空羂索《ふくうけんさく》、慈覚大師顕れ給う。

切目金剛童子、義真和尚顕れ給う、十一面観音。

藤代、大悲心王童子、千手垂迹。

稲葉根、稲荷大明神、新宮、阿須賀一ツ垂迹なり。


飛鳥大行事、大宮、大威徳明王、六頭六面六足、魔縁降伏のためなり。

摩訶陁国にては権現の惣後見《そうこうけん》なり。飛鳥・稲葉根稲荷は同体なり。

飛鳥大行事は、権現より以前に蘆鳥神《ろちょうのかみ》と云う鳥の羽に乗りて下り、熊野へ来られたゆえに、飛鳥権現と名する。また新宮へ大シホ（大潮）を上《のぼ》せ合わさずため、御戸（熊野川河口）を守らせて御座《いま》すなり。飛鳥東ハシ（端）ニ御座すは三狐神《みけつかみ》、宇井・鈴木・榎本の母なり。


【言葉】麁乱神＝三宝荒神《さんぼうこうじん》（如来荒神、麁乱荒神、忿怒《ふんぬ》荒神）の一神という説がある。もともと台所など屋内に祀られる民間信仰の神。荒神は役小角の感得になるともいう。降伏＝法力によって押さえ鎮めること。陀羅尼菩薩＝陀羅尼（経文の中の長い呪文）の力で仏法を保持し悪法を防ぐ菩薩。惣後見＝全般的補佐役。

【解説】
▼ここに出てくる湯峯から稲葉根までは熊野古道（紀伊路《きいじ》と中辺路《なかへち》）の王子である。石上

は中辺路の石神峠にあった岩神王子で、今は跡地が残る。日記『中右記《ちゅうゆうき》』の作者藤原宗忠は天仁二年（一一〇九年）十月二十五日、岩神王子でうずくまる盲人に出会う。熊野詣の途中で食糧が尽きたと聞き、食べ物を与えた。

石上と湯河明神が朝鮮半島・新羅の神だという記述は興味深い。新羅明神は天台寺門宗の総本山・園城寺（三井寺）の守護神。円珍が唐から帰国した時、船首に現れたとされる。

▼中世に「飛鳥大行事」と呼ばれた阿須賀神社の神が、熊野権現以前に鳥に乗って熊野に降臨したという話は、新宮の歴史を考えるうえの材料となる。熊野川河口は砂洲で埋まりやすかった。『紀伊続風土記』は「阿須賀は浅洲所の約《つづま》れるにて岸の崩て深き淵を埋み浅く変し易きを以ていふなり」と記す。

人びとはアスカの神に河口の閉口や大潮による被害を防いでほしいと願った。鎌倉時代、日高平野に勧請された阿須賀明神の由来を記した「愛徳山熊野権現縁起」によれば、阿須賀明神は大鰐《おおわに》に呑まれた熊野権現を救ったという（第一部第五話参照）。

摩訶陀国大王は中御前なり。すなわち薬師如来なり。善哉《ぜんざい》（財）王と号す。

西御前は御スイテム（五衰殿）の后《きさき》、土女御《つちめご》なり。

證誠殿はツルキノヤマ（剣山）のフモト（麓）、（に居た）智剣《ちけん》（智見、喜見）上人すなわち女《にょう》

御《ご》の伯父なり。

若王子《にゃくおうじ》は女御々本尊、長さ五尺の十一面観音なり。

大王御太子は児宮《このみや》計《ばかり》なり。如意輪なり。

九十九人の后の中ただ一人、御スイテムの御腹に王子を産み給えり。

御産所は金谷ノ谷云々。

五体（五所）王子は若殿より子守マテナリ（までなり）。禅師宮《ぜんじのみや》は智剣上人一の弟子。聖宮は二の弟子。子守宮は虎。一万は公卿《くぎょう》。十万は殿上人《でんじょうびと》なり。勧請十五所は山神。飛行夜叉《ひぎょうやしゃ》は狼。米持《よねもち》は狐。すなわち王子を養い給えり。この如く、よくよく信いたすべきなり。

本宮は法身《ほっしん》。新宮は般若。那智は解脱《げだつ》。来世を引證《いんしょう》する菩薩なればなり。三身《さんじん》の中には本宮法身、新宮応身《おうじん》、那智報身《ほうじん》なり。


【言葉】五所王子＝熊野十二所権現のうちの若（一）王子・禅師宮・聖宮・児宮・子守宮。それらを祀る王子社を五体王子と呼んだ。どの王子を指すかは時代や史料によって異なるが、現在は藤代・切目・稲葉根・滝尻・発心門王子を指すのが一般的。引證＝事実を示して証拠とすること。三身＝大乗仏教における仏の三種の身の在り方。法身は真理そのものとしての仏の本体。報身は修行の結果として悟りに達し、完全な功徳を備えた姿。応身は衆生を救済するため種々の姿で現れる仏身。

【解説】ここで場面が変わり、天竺（古代インド）と熊野十二所権現を結び付けた新たな話が紹介される。熊野権現が天竺から来たという由来譚はさきに見た『大峯縁起』系と、善財王・五衰殿・智剣上人系の二種類ある。後者は『神道集』などに登場する物語だ（第一部第六話参照）。

一神蔵権現の事

神倉は三山出現より始めに顕れ給えり。権現天下り給いし時は一丈二尺の熊と現し、昼は神倉に籠居《こもりい》給い、夜は下熊野に通い給いき。神蔵剣は摩訶陀国五剣を持て渡らせ給う。また八尺の霊鳥も権現の垂迹なり。

奥に池あり。この池は八葉池なり。中尊は大日（如来）なり。今神蔵愛染明王と顕れ給う。この池ハタニ（端に）生身《しょうじん》不動御座す。慈尊出世をマツ（待つ）。燈呂（籠か）あり。八尺の霊鳥も一丈二尺の熊もこの池の端にあり。神倉三所は西アミタ（阿弥陀）、中三所権現。山籠御勤めのために勧請奉るものなり　連坂《つりさか》は当時はトサカ（土坂）と云う。権現降来の時、猟をし給いし所なり。

垂迹の次第（順序）は根本神倉、次阿須賀、宇殿（鵜殿）・石淵キネカ（貴禰）谷。

結早玉家津《いえつみの》御子を祝い奉り始めて、次その変作《へんさ》神は那智三瀧神なり。

一大峯は天竺霊鷲《れいしゅう》山頂の金剛窟の丑寅辰巳《うしとらたつみ》角が七日七夜振動してカケテ（欠けて）飛来せし

山なり。金敷きたり地ゆえ金峯山《きんぷせん》と名する。金剛胎蔵両部の諸尊在《いま》す。尺（釈）迦如来現れ御座す。仏生国と云う所にては七ケ国ミユル（見ゆる）所あり。

一役行者《えんのぎょうじゃ》は大和国葛上郡《かつじょうぐん》茅原《ちはら》の所生《しょせい》なり。生るる時紫雲タナヒキ（たなびき）、雲蓋《がい》上《じょう》にヲオウ（覆う）。法喜菩薩の弟子と為《な》して、俗形ながら難行苦行《なんぎょうくぎょう》す。この故に今山臥《やまぶし》のスヽカケ（鈴懸《すずかけ》）はヒタヽレ（直垂）ヲキテ（を着て）入峯《にゅうぶ》するなり。

また葛木（葛城）にては法喜菩薩と顕れ、那智にては生身不動と現す。唐第三の仙人なり。生《いき》ナカラ（ながら）都率天《とそつてん》に上り給う。

大峯を菩薩峯と云う。葛木を一乗峯と云う。

二人鬼は、（役）行者（が）葛木にて信貴《しぎ》（山）毘沙門《びしゃもん》に仰せて、取りて行者に進《しん》ぜし義覚・義玄・義真なり。鬼取《おにとり》（の地名）はこの故なり。大峯は父の為、百二十日と居《お》り給う。葛木は母の為、法花経を書写して七十五日と居り給う故に、葛木をば読誦《どくしょう》峯と名す云々。権現降臨の後、今年で千七百余年なり。

【言葉】 中尊＝中央に安置される仏像。生身＝衆生を救うためこの世に仮の姿を現した仏・菩薩の肉身。慈尊＝弥勒菩薩。出世＝衆生救済のためこの世に出現する。次第（順序）＝熊野権現は神倉山→阿須賀→鵜殿・貴禰谷と遷座した。変作＝変わること。仏生国＝大峯奥駈道の仏生ケ岳（一八〇五メートル）のことか。法喜菩薩＝日本独自の菩薩で、葛木山で役小角が修行中に出現したという。鈴懸＝修験者の法衣。九枚の布で作る上衣と前後にひだが付いた袴からなる。直垂＝上衣と袴からなる衣服。形は鈴懸と似ている。都率天（兜率天）＝仏教の世界観による天界のひとつ。欲界における六欲天の第四の天。二人鬼＝役行者の従者になった前鬼《ぜんき》（夫）と後鬼《ごき》（妻）のことであろう（第一部第七話参照）。義覚、義玄、義真は役行者の五大弟子のうちの三人の名でもある。『大峯縁起』はこの三人を役行者の「同行者」としている。

権現は御氏人の漢司符《かんしふ》将軍を先に熊野山新宮へ遣《つか》わせり。漢司符将軍は天竺に於いて仕え召されし臣千与定正三位云々の末孫なり。

新宮の東、飛鳥三狐神を妻と為し、三人の男子を儲《もう》く。一男は真俊榎本氏、二男は基成宇井党、三男基行鈴木党なり。

壬午《みずのえうま》才（年）三月二十七日巳《み》時、権現人体と為して熊野新宮千尾峯《ちおのみね》（千穂ケ峯）の隈《くま》に立ち、漢司符将軍子息らはナキカト（なきかと）奉幣司を以てお尋ねのところあり。この子息ら参り向う。

大岡の明神御前に十二本の榎《えのき》これ在り。榎の木影《こかげ》に権現を請《こ》い奉る。（権現）仰《おおせ》て云う。この木影の隈殊勝なりとて、嫡子真俊姓を給（賜）わる。榎本氏と号す。

次男基成は宇井を屋敷と為す。猪子《いのこ》に白き丸餅を進めしむ。仰て云う。汝《なんじ》の進物など殊勝なり。姓を丸子と給わる。宇井党と号す。三男基行塞野村《おうのむら》鈴木を屋敷と為し、開発し稲を耕作。御馬草斬（料か）これを進める。汝が姓は穂積と定むる。鈴木党と号す。

【言葉】巳時＝午前十時頃。塞野は大野ではないか。『紀伊続風土記』の牟婁郡大野荘鮒田村に「鈴木屋敷跡」という項があり「村中川端に熊野の旧家鈴木氏の屋敷の跡といひて大なる塚あり」と記されている。同村は新宮に近く、村内には榎本・宇井・鈴木三党の祖神を祀る牛鼻神社がある。

熊野山昔は夷狄闘諍《いてきとうそう》（争）の堺《さかい》（境）、人跡《じんせき》絶えて南蛮の栖《すみか》なり。このため南蛮征伐の宣旨《せんじ》を下され、権現熊野弓を取りて召す。宇井・鈴木・榎本氏なり。彼《か》の大将を榎本氏に仰せ下せしところ、当時に榎本氏の嫡々（嫡男）僧になりて山門の公請《くじょう》の仁（人）として住山する由《よし》、申し上げしところ、権現重ねて宣旨下されること七度なり。彼の榎本氏の嫡々をば真継律師と号す。

真継生年九才より住山、勤学により二十二才の時、律師を補《ほ》され公請を勤めしむ。ここに宣旨を承《うけたまわ》る。権現に祈請申す様《よう》、我身誠に大将軍を給って向かうべきは、この髪髻長《もとどりたけ》に生《お》えべしなりとて、三月二十一日戌《いぬ》の時に円《まろき》柱に寄りかかり端座《たんざ》するところ、髪開敷《かいふ》に生う。その時宣旨に随《したが》い、玉郡糸《たまこむし》の三条大納言有遠を烏帽子《えぼし》父として元服。その後熊野山新宮の宇井鈴木等を召し上げて、真継は律師なれば宰相《さいしょう》を補され、よって真継宰相と号す。宇井党嫡男兼純・鈴木党嫡男真勝両人はともに判官を補さる。

庚寅《かのえとら》才（年）三月二十八日、三人嫡々大将軍と為し発向。真継宰相は熊野山那智錦浦より責《せ》（攻）む。次男兼純判官は日高郡御前より責む。三男真勝判官は鳥羽浦より責む。我が輩《とおがら》を知るため、面々幡《はた》を指す。真継宰相の手の陣には赤き幡の面に白き金剛童子を顕《あらわ》す。次男兼純の手の陣には黒き幡の面に赤き金剛童子を顕す。三男真勝の手の陣には白き幡の面に黄なる金剛童子を顕す。南蛮の住所は佐野秋津浜、孔子《くし》嶋に陣を取る。孔子嶋は佐野の前にあり。佐野をば秋津嶋と云う。

三毒の酒を挑（銚）子に一タテシテ（一献して）左の杓《しゃく》には狄《えびす》にモル（盛る）。右の酌《しゃく》には我が手の輩にコレヲモル。長蛮《ながつはん》（南蛮）大将軍らを始めと為し、十三人の大将軍の南蛮等を打（討）ち殺して終わる。彼の墓所は高州坂《こうやさか》（高野坂）の上にこれ在り。それより以後、我山は神明遊化《ゆけ》の砌《みぎり》（場所）となるなり。

南蛮はエヒス（夷）なり。舎弟三人の（うち）礼意《れいい》（愛須《あいす》礼意）孔子《くし》の二人は打たれ終わる。悪事の高丸一人は邑県《ゆうけん》（村県）を落ちて奥州ソトノハマ（外の浜）へ行きて終わる。

【言葉】夷狄＝野蛮な民族。エビスなどを指す。宣旨＝天皇の命を伝える文書。公請＝僧侶が朝廷から法会や講義に召されること、またその僧。戌の時＝午後八時頃。端座＝姿勢を正して座る。開敷＝花が一面に開く様子。烏帽子父＝武家社会で元服するものに烏帽子をかぶせ成人名を与える仮親。三毒の酒＝仏教で「三毒」は人間の煩悩の中の代表格である「貪《とん》（貪欲・むさぼり）」、「瞋《じん》（怒り・憎しみ）」、「痴《ち》（愚痴・おろかさ）」。これら悪しき心を克服すべき毒にたとえた。酒は三毒を招きやすいという戒めの表現か。神明＝神。遊化＝僧が各所に出かけて人びとを教化すること。ソトノハマ＝陸奥湾沿岸を指す外の浜か。

【解説】 熊野三党の南蛮制圧のこのくだりは新宮縁起に登場した先の話と似通っており、原典は同じだろう。だが前者で高丸を討ったという坂上田村丸（田村麻呂）の名は出てこない。田村麻呂の名が入っていないこの「仮名書縁起」の言い伝えのほうが古いのではなかろうか。

大江山（京都府）の酒呑童子《しゅてんどうじ》は源《みなもとの》頼光《よりみつ》らに毒酒を飲まされて殺される。「三毒の酒」が毒酒でなければ、だまし討ちではないが、酒を飲み交わして南蛮を油断させる戦術だったのかもしれない。

比平符の将軍は本地不動の垂迹。百王鎮護の八幡大菩薩の随類神。河原の大明神と顕れ給う。

真俊は不動（明王）、基成は大日（如来）、基行は毗（毘）沙門（天）の垂迹。三大明神顕れ給う。

漢司符将軍は毘沙門天。牛鼻大明神顕る。

中天竺摩訶陁国慈悲大賢（顕）王の公卿、正三位千与定。その子息石田河河上に南岡の住人として熊野部千与包は本地大日の垂迹なり。今の神官禰《ね》宜《ぎ》となり給う。正三位千与明《ちよめい》は本宮の法《ほっ》花《け》（華）三昧《ざんまい》、香寿菩薩の反化身なり。

千与包・千与明兄弟二人は千与定の子息なり。阿須賀大御前は本地アミタ（阿弥陀）如来。中社は伊勢住吉出雲大社。同東のハシ（端）に御座すは三狐神、榎本・宇井・鈴木三人の母なり。

権現、中天竺マカタ（摩訶陁）国を鎮守すと。（熊野に）顕れ給う時は比平符将軍と、その子唐土にては漢司符将軍（が）召され仕えき。

鎮西彦山にては上津尾大明神・下津尾大明神と現る。本地は不動毗沙門なり云々。

新宮仮名書縁起終り

【言葉】法華三昧＝ひたすら法華経を読誦して身を清め、平安の境地にいたること。

神倉縁起相伝

是世　孝照（孝昭天皇）二十三年戊《つちのえ》子《ね》より同御宇《ぎょう》六十七年壬申《みずのえさる》に至る。四十五年これを持つ。

先世　同六十八年癸酉《みずのととり》より孝安天皇御宇五十二年庚辰《かのえたつ》に至る。六十八年これを持つ。

善世　孝安五十三年辛巳《かのとみ》より七十年これを持つ。
西世　孝霊二十一年辛卯《かのとう》より七十年これを持つ。
実世　孝元十五年辛丑《かのとうし》より七十年これを持つ。
寂世　開化二十八年辛亥《かのとい》より七十年これを持つ。
学世　崇神《すじん》三十八年辛酉《かのととり》より七十年これを持つ。
西学　垂仁四十年辛未《かのとひつじ》より六十五年これを持つ。
寂西　景行六年丙子《ひのえね》より六十年これを持つ。
有西　成務《せいむ》六年丙子より六十年これを持つ。
金西　仲哀《ちゅうあい》五年丙午《ひのえうま》より七十年これを持つ。
世西　神功《じんぐう》皇后宮六十六年丙戌《ひのえいぬ》より応神四十一年庚午《かのえうま》に至る四十五年これを持つ。
与我　空位辛未より八十年これを持つ。
覚西　仁徳七十九年辛卯より五十五年これを持つ。
蓮学　名泰（允恭《いんぎょう》）三十五年丙戌より三十七年これを持つ。

一説に云う。允恭三十五年より武烈天皇五年癸未《みずのとひつじ》に至る五十八年これを持つ云々。

その後　縁起相伝の器量の仁（人）無きにより、本宮両所の柿の下にこれを埋め、癸亥《みずのとい》より癸未に至る二十一年の間いたずらに星霜の処《しょ》を送る。高賀茂氏の女《むすめ》熊野参詣せしめ、よって縁起を相伝云々。

高賀茂氏女は生年二十五春継体三乙丑《きのとうし》、また熊野参詣。権現の御宝前より熊野金峯縁起を感得云々。一説に云う。蓮学これを相伝云々。

【解説】 ここに是世から蓮学まで「神蔵縁起」相伝者の名前がずらりと並んでいる。この縁起は『大峯縁起』のことだろう。是世は三頭の大熊が神倉山で三面の神鏡となるのを見て、裸形上人とともに権現を祀ったと記された猟師と同じ名だ。

　神倉山は神倉神社がある山。毎年二月に行われる御燈祭の舞台になる。「神倉修験」と呼ばれた新宮の修験者の本拠だった。彼らが師から弟子へ『大峯縁起』を伝えた、その古い歴史を喧伝するために作られたと思われる。

『大峯縁起』は熊野大峯修験者が最も大事にした秘文書で、修験道の開祖・役小角《えんのおづぬ》（役行者）がその母から伝授したといわれる。平安時代、上皇や法皇は本宮でこの縁起に接するのが恒例となり、中世は縁起を相伝することが役小角の正当な後継である証とされた。「熊野権現御垂跡《ごすいじゃく》縁起」によれば、権現は熊野の地では最初に神倉山に天降った。新宮や神倉修験者にすれば「三山の中でも一番由緒がある」として、この相伝一覧を作成したのかもしれない。それにしても、はるか以前、その存在が疑問視される孝照（孝昭）天皇（第五代）、孝安天皇（第六代）の時代から相伝があった、というのは「やりすぎ」で全く信じられない。

ただちょっと面白いのは、蓮学という人物のあと縁起を相伝するにふさわしい器量の人物がいなかったので、本宮の両所（結早玉）殿前の地面の下に埋められた、というくだりだ。それが再び相伝されるきっかけは高賀茂氏の娘、つまり役小角の母であった。この話は『大峯縁起』の一節と符合する。

一熊野山別当次第

禅洞上人。寺務の始めと号す。

千如住持。仲霊講師。僧皇（増皇か）別当。

殊勝別当　第九代別当。殊勝別当と号す。熊野山別当を孫子泰救に譲与云々。

泰救別当　第十代。一条院御代《みよ》。羽林実方の息、母は殊勝別当の女《むすめ》、熊野上綱の始なり。長保元己亥《つちのとい》二月三日別当に補《ほ》す。

泰救は関白太政大臣基経照宣公ー関白太政大臣忠平貞信公ー小一条大臣師尹《もろただ》ー侍従早世定時ー中将実方ー泰救 寛仁二戊午《つちのえうま》十月二十日の死なり。

快真　十一代。後一条御宇、寛仁二戊午十二月別当に補す。泰救嫡男。治六　万寿元六月死去。

永導　十二代。三条院御宇、万寿元十一月これに補す。泰救次男。

覚真　十三代。後三条院御宇延久元。泰救三男。第十四代別当名字これを知らず。

長快　十五代。白河院承保二五月これに補す。快真息。寛治四年本院御幸《みゆき》の時、法橋《ほっきょう》を叙《じょ》さる。

長範　十六代。長快次男といえども長範をもって嫡子と為す。鳥羽院保安四年三十八時これに
補す。鳥羽院御幸時に法印を叙さる。
長憲　十七代。近衛院、長快三男。鳥羽院御幸の時、法眼《ほうげん》を叙さる。
湛快　十八代。久安二これに補す。法住寺（後白河）殿御幸の時、法印を叙さる。長快四男。
行範　十九代。高倉院承安二これに補す。後白河初度御幸（の時）、法印を叙さる。
範智　二十代。承安三これに補す。長範三男。
湛増　二十一代。後鳥羽院文治二これに補す。湛快次男。湛増嫡子は湛憲、その子は快実小松
法印と号す。
行快　二十二代。行範三男母は為義の女。後鳥羽院建久九年これに補す。後鳥羽院御幸の時、法
印を叙さる。
範命　二十三代。行範の子。母は為義の女。後鳥羽院御幸の時、礼殿《らいでん》に於て別当に補され法印
を叙さる。
湛政　二十四代。湛快三男。土御門院御代《みよ》承元二これに補す。
琳快　二十五代。行快六男。後堀河御代貞応元これに補す。この別当は謀反人を籠置《こめおく》（隠してお
く）により、宮崎覚遍に訴えられて足利に流罪となる。四十三（歳で）死去。
快命　二十六代。範命三男。御堀河安貞二これに補す。
湛真　二十七代。湛増四男。四条院嘉禎三六（三年か）これに補す。

尋快　二十八代。行快五男。四条院御代仁治四これに補す。法印権大僧都。
定湛　二十九代。湛真次男。後深草院御代。
静快　三十代。尋快次男。兄長王禅師が承久《じょうきゅう》の合戦で（後鳥羽）院方（に与《くみ》した）ため打たれ、嫡子に立つ。
正湛　三十一代。定湛の子。後宇多院御代弘安五年十二月これに補す。

別当系図在るといえども、これを略す。

（以上一巻）

【言葉】禅洞上人＝本宮の旧社地（大斎原）で熊野権現の示現を体験した猟師に案内され、参拝したと『熊野山略記』が語る僧と同名で、そこから彼を「寺務の始め」としたのだろう。法橋＝僧位のひとつ。法眼の次に位し、律師に相当した。法印＝僧の最高位。その下に法眼や法橋が位置した。中世以降は医師、儒者、連歌師、絵師らもそう呼ばれることがあった。承久の合戦＝承久三年（一二二一年）後鳥羽上皇が鎌倉幕府を倒そうとして失敗した乱。上皇は隠岐の島に流され、そこで死去。熊野別当も田辺別当家を中心に上皇方に付いた。一門、一族が多く大きな打撃をうけ、熊野別当衰退の引き金となった。二十五代の琳快には上皇に加担した人物をかくまったなどの疑いがかかった。

【解説】熊野別当は平安時代後期から鎌倉時代前期にかけて熊野三山を統括し、権勢をふるった役職である。その来歴を記したのが「別当次第」でいろいろな種類がある。熊野別当の名前が文献上で初めて現れるのは藤原行成の日記『権記《ごんき》』の長保二年（一〇〇〇年）一月二十日条で、そこに「熊野別当増皇《ぞうこう》」の名が出てくる。阪本敏行氏は「神仏習合された熊野各神社に奉仕する社僧や神官たちの実務上の最高管掌《かんしょう》者（長官）であり、熊野の御師《おし》（元来は祈禱師だが、宿坊の経営者であり、聖地の案内役でもあった）の総帥、さらには最盛期における熊野水軍をはじめとする熊野地方の武士団の棟梁《とうりょう》でもあった」と書いている（『熊野　異界への旅』平凡社、二〇〇二年）。壇ノ浦の戦いでその水軍が源氏方につき、平家滅亡に一役買った別当湛増などが有名だ。熊野別当は承久の乱を境に力が衰え、十四世紀後半以降、歴史の表舞台から消えてゆく。

那智山瀧本事

「（後筆）那智三巻　青岸渡寺尊勝院」

一それ那智山は、けだし瀧門雲窟の神秀なるものなり。垂迹たるときは則《すなわち》飛瀧の勢いあり。本《もと》を仰ぐときは則救世の盟《ちかい》あり。皆玄聖の遊化《ゆけ》する所、霊神の済生の攸《ところ》なり。その源極《みなもと》を窺《うかが》えば、四明九嶷《しめいくぎ》をなんともせず、□□□三島五城の霞を将《まさ》に褊《さみ》す。誠に三国に二つとなき飛瀧千眼照臨の霊窟なり。那智、記に云うは吾《われ》龍王第三子重慶の如し。飛瀧権現と号す。作河神なり。そもそも飛瀧権現は天照大神補佐の臣なり。成劫《じょうごう》初起の降来、難陀龍王応化《なんだりゅうおうおうげ》の神なり。世こぞって名称を普聞《ふもん》す。ついに国主を使して相続きて九十九余代朝《ちょう》になんなんとす。龍神鎮護して百八十万歳におよぶ。これをもって主を天子と称することは、日子の余影をさらに自ら伝え、神国の境を名することは、龍神□□□起る。

　これをもってすなわち結早玉、和光垂迹の玉砌《ぎょくせい》において大行事飛瀧権現の尊号あり。あに所由《しゅゆう》なからずや。ここにもって裸形上人、戊子《つちのえね》歳（年）より三十一箇年の間神倉に行を勤め新宮を造り興《おこ》せし後、孝照（昭）天皇五十三年戊午《つちのえうま》歳六月十八日、上人熊野新宮を出で那智錦浦に向かう。沐浴《もくよく》清浄を為し、和多水湯に至る。たちまち千手千眼、御影《みかげ》を漁海に浮かべ遐《か》邇《じ》に光を放つ。上人将に神光に驚きて、遥か瀧本を詣でる。時に和光の空高く日映えす。飛瀧千丈の粧《よそおい》に垂迹の地、影冷やかにして嵐は崇山万歳《ばんぜい》の声を譲る。信仰肝に銘じ、感興《かんきょう》骨に入りしむ。壺中《こちゅう》の天は象外地《しょうがいち》のみ。

適《たまさか》、澗水《かんすい》に濯《かわあむ》れば心胸の煩想《はんそう》を疏《わか》ち、閑《しずか》に瀧窟を拝せば霊神の知見をこうむる。ついに六十余年の星霜を送りて、新たに一万三千の神祇を顕《あらわ》す。

孝安天皇三十年戊午歳、瀧本の未《ひつじ》方に池あり。これを八功徳水と名づく。龍蛇あり。頭は池に入り尾は瀧に至る。加里《かり》（訶梨）帝母《ていも》、綿の袋を以て秋津浜の砂を運びて、深池を埋む。裸形上人、松壖《しょうぜん》を結《むすび》て三所権現を崇《あが》め、蒼生《そうせい》（民の事なり）を利す。

その後空勝上人・朗善和尚、連々締構《ていこう》を加え、代々成風《せいふう》を増す。ついに十三の神殿を興造、結早玉、地主（など）烈（列か）の神を勧請。一宇の堂を建立し、如意輪観自在尊を安置す。それより以降、夏□□□□儀を末代に追うて、重慶（裸形上人）の探法を尋ね、難行を当世に伝う。

（ここの欠字について、『神道大系　神社編四十三　熊野三山』に載る翻刻や地方史研究所編『熊野』に載る近藤喜博氏の翻刻では「也蓮寂旧」としている。「夏また蓮寂の旧儀を末代に追うて」と読むのだろうか。）

干《もと》め至り彼の蓮寂上人の如く空鉢《くうはつ》の秘法を行い、叡豪《えいごう》上人当山の紹隆を致すや瀧山繁昌の濫《らん》觴《しょう》なり。熊野上分《じょうぶん》の規模なり。なかんずく清和寛平の往躅《おうちょく》（昔の跡）あえて比類なし。智證慈恵の法験《ほうげん》なり。また准的《じゅんてき》なきものかな。

花山法皇の正暦年中、三ケ年の参籠　忝《かたじけな》くかたまり、千日の涼燠《りょうおう》に移し、もっぱら六十人の禅徒を連れ最上の秘法を行う。いわゆる断穀絶煙の栖《すみか》を卜《ぼく》して、三十七箇日、□□□□石敷苔の席に純粋の蜜華を味《あじわ》い（最後の□は「枕」か）、九十日甘露池の流れに法水を酌《く》む。

また安倍清明朝臣《あそん》は二人の式神《しきがみ》をもって魔衆を巌窟に狩籠《かりこめ》、院誠大阿闍梨は十杵の王子を崛《そばだ》たせ、法味の梵場《ぼんじょう》を備え奉る。

しかる間《あいだ》、九星反唄の神力に答え、魔民ことごとく帰伏《きぶく》し、六根懺悔《ろっこんざんげ》の法用により善神擁護を加える。

ついに御願難行の室を使い始め、三密の床に勤修をなす。しかる間、蘿襟薜衲《らきんへいのう》、薫修《くんじゅ》積めるなり。

仙才聖人、累世しかも行を練るや。雲に臥し霞を食うの苦節は凝《ぎょう》なり。竹園《ちくえん》、執柄《しっぺい》、塵を遁《のが》れ、しかして斗藪《とそう》す。

将々《いでいで》、巌洞に捨身するが如く一旦《いったん》の命を惜しまず。煙霞飲息《えんかいんそく》、三密の行を勉《つとむ》る者は、一朝無変の勤《つとめ》のため永く有截《ゆうせつ》の誉《ほまれ》を流す者なり。

【言葉】遊化＝僧が各地に出かけ教化する。済生＝生命を救済すること。四明九嶷＝中国の四明山と九嶷山のことか。後者はその形が皆似ていることから見る人が迷い疑うという。照臨＝神仏が人びとを見守ること。成劫＝微細な風が起こって自然界が成立し、さらに生物世界が完成するまでをいう。自然と生物の始まり。難陁（陀）龍王＝八大龍王の一尊。応化＝仏や菩薩が衆生を救うため現れること。玉砌＝玉の石畳。美しい庭。または尊い人のいるところ。所由＝ゆえん。遐邇＝近いところ遠いところ。感興＝その面白さ。壺中の天＝「別世界、別天地」。象外は「現実の世界を超えたところ」。壺を滝壺とかけて、那智山は俗世間を超越した場所だと言いたいのか。澗水＝谷間の水。知見＝知識や能力。松壖＝『日本国語大辞典』（小学館）によれば「松の生えている廟や宮殿などの内牆《うちがき》と外垣との間の空地。また、その中にある殿社」。蒼生＝庶民、人民。成風＝建物などを立派に仕上げること。蓮寂上人＝唐の天台山から熊野へ来訪、修行したと伝えられる。空鉢の秘法＝「信貴山《しぎさん》縁起絵巻」に命蓮上人が強欲な山崎の長者のもとに托鉢に使う鉢を神通力で飛ばし、鉢に蔵を乗せて戻した、という話が出てくる。行者・修験者の験力《げんりき》を語りたいのだろう。叡豪上人＝役小角、空勝上人、朗善和尚、蓮寂上人らとともに滝行をしたとされる一人。濫觴＝始まり。上分＝中世、荘園の収益や上納・奉納物のこと。清和＝第五十六代清和天皇（在位八五八―八七六年）。寛平＝寛平年間の宇多天皇のことだろう。第五十九代で在位は八八七年から八九七年。智證＝智証大師、天台宗の僧円珍。慈恵＝慈恵大師、天台座主。天台宗中興の祖といわれる。法験＝仏法の霊験。修法《ずほう》によってあらわれる効験。准的＝比べる、なぞらえる。涼燠＝涼しさと暖かさ。断穀絶煙＝穀物を食べず、火も使わない修行。法水＝仏法が煩悩を洗い清めるのを水にたとえていう。式神＝陰陽師が使役する鬼神。法味の梵場＝味わい深い清浄な場所。九星＝陰陽道ですべての人がそのどこかに分類され、方位の吉兆などを占う。帰伏＝服従、帰順。六根懺悔＝六根（眼・耳・鼻・舌・身・意）の罪障を神仏に懺悔すること。薜蘿《へいら》＝つる草・つた、隠者の衣服・隠者の住居。蘿襟薜衲はつたなどで編んだ質素な衣服に身を包み、という意味だろう。薫修＝香のかおりが衣服にしみつくように習慣として仏道修行を繰り返すこと。仙才＝仙人のように秀でた才能。凝＝心が一つのことに注がれ動かない。竹園＝天子の子孫。皇族。執柄＝権力者。斗藪＝修験者が山中を一心不乱に歩き修行すること。一且＝いっとき。煙霞＝煙のように立ち込める霞やもや。三密の行＝密教の修行。煩悩の元ともなる身密（身体）口密《くみつ》（言葉）意密（心）を仏と一致させる修行。例えば身に印を結び、口に真言を唱え、心に本尊を念じる。有截＝煩悩などを断ち切る、ことか。

【解説】那智山で一番有名な皇族は花山法皇だ。九六八年に冷泉《れいぜい》天皇の第一皇子として生まれる。十七歳で第六十五代天皇になるが、世は藤原摂関政治の全盛期。在位わずか二年で出家、法皇に。傷心の身を熊野に寄せ、那智の二ノ滝近くに庵を結び千日修行をしたと伝えられる。修行の邪魔をした天狗を陰陽師《おんみょうじ》の安倍晴明が岩屋に封じ込めた、龍神が降りて如意宝珠や九穴《きゅうけつ》の鮑を献じた、などの伝承がある。法皇は鮑を那智の滝つぼに沈めた。その水は延寿の効能があると言い伝えられている。
熊野古道中辺路《なかへち》にある近露《ちかつゆ》の地名由来はこうだ。一行が熊野に向かう峠で昼食を取ろうとしたが箸がない。お付が茅《かや》を折って差し上げたところ茎から赤い汁が出た。法皇が「これは血か、露か」と尋ねたので、下った里が「近露」となった。

一熊野三山異同常別不二而二《ふににに》の事
先ず本宮那智両山は真身《しんじん》、新宮は応身《おうじん》。これ真応二身の配当。
それにつき本宮と新宮に七異三同あり。本宮と那智に同あり異あり。
また三山に配当あり。いわゆる法報応三身。法身は般若解脱《げだつ》の三徳、法俗女三体、仏金蓮の三部なり。

一本（宮）新（宮）七異三同の事

一新宮は応身の体を顕《あらわ》し、俗体の禰宜《ねぎ》あり。
本宮は真身の形を表し、法体の衆徒あり。
二新宮は黄衣の禰宜をもって、昇殿の役人と為す。
本宮は香衣の僧侶をもって、昇殿の役人と為す。

三新宮は祭礼に御幸《みゆき》あり、応化《おうげ》変易の相を示す。

本宮は祭礼に御幸なし、法身常住の相を示す。

四新宮は御供《ごくう》に贄《にえ》を用いる。千木《ちぎ》鰹木を置くにより和光の厳儀を示す。

本宮の御供は熱斎。五戒十戒をもつにより精進の供養を演ず。

以上四異は本宮と那智もこれに同じ。

五新宮は陰陽而二の世情により両所二宇の殿を構える。

本宮は理智不二の深理により両所一宇の殿を構える。

六新宮は神倉をもって行所と為し、参籠衆は三箇廻りの涼燠《りょうおう》を送る。

本宮は大峯をもって行所と為し、晦山臥《みそかやまぶし》六十日の神事を致す。

以上、二異は新宮と那智これに同じ。ただし両所殿の事、那智は不二のうえ而二なり。また口伝《くでん》あり。後に注これあるべし。

行所の事は、那智は山上瀧本を以《もっ》て、共に勤行の在所となす。新宮と小異あり。

七新宮は寺家をもって在家聚（集）落と称す。禰宜神官の為か。宿所ゆえなり。

本宮は庵室をもって大峯一宿と称す。採薪汲水の行所の為ゆえなり。この一異は那智山は房舎次第。本宮新宮両山異る。

彼那智山は三百余房、皆清浄。しかして男女共住の儀なし。本・新両山はともに庵室のほか男女共居《ともい》の房舎あるゆえなり。

三同は

本宮は長床客侶をもって長日の勤行を致し、一夏《いちげ》の供花を勤む。新宮相同じ。

本宮は正月元日御戸を開き、修正《しゅしょう》を二月に修《おさめ》る。三・五・六頭役神事、延年《えんねん》等これあり。新宮相同じ。

本宮は在家出家おのおの別ならず。庵室房舎は同所に居る。新宮相同じ。

惣《そう》じてこれを言う。本宮は本覚《ほんがく》・真如《しんにょ》の寂光土なるがゆえに本宮と称す。新宮は新成・妙覚の同居土《どうごど》なるがゆえに新宮と号す。

那智山は昔、難地《なんち》と号す。後改めて那智と称す。これ三山邪魔を蕩《とう》かして（払い除いて）正法《しょうぼう》に帰する表示なり。那は魔の義、智は蕩の義なり。

しかる間、毎事、両山異なる端《はし》多し。すなわち長日の勤行は常客共にこれを勤む。延年、田楽またもって前と同じ。〇なかんずく那智山は女人止住の儀無きによって清浄結界の地のためなり。

〇記に云う。本宮は法身を表す。天台尺（天台釈《てんだいしゃく》＝天台宗の解釈）に云う。豈《あに》伽耶《がや》を離れて別に常寂光《じょうじゃくこう》（土）を求めん。寂光の外に別けて娑婆《しゃば》有るに非《あら》ず。

新宮は応身を表す同居土の相。那智は報身を表し実報土《じっぽうど》の相。

浄穢《じょうえ》の二土よろしく察するものなり。尺に云う。寂光の理《ことわり》、鏡の如く器の如く通ず。諸土、像の如く飯の如く異に別れる。

【言葉】不二而二＝「二つにして一つのもの」「裏と表で一体」といった意味。不二は「二つの面があっても本質は一つ」ということ、而二は「一つのものを二つの面から見ること」。三身＝仏の三種の身のあり方。法身・報身・応身（146ページ「言葉」参照）。真身とは仏の法身または報身のこと。ここで「本宮と那智は真身で、新宮は応身、つまり仏の化身・変化身だ」としていることは興味深い。応化＝仏・菩薩が衆生を救うため時期に応じた姿で現れること。御供＝神仏へのお供え。贄＝魚など神に捧げる地場の食物。熱斎＝温かく調理した供物。五戒＝在家信者が守るべき戒め。不殺生・不偸盗《ちゅうとう》（盗まない）・不邪淫・不妄語（嘘をつかない）・不飲酒《おんじゅ》。十戒＝不殺生・不偸盗・不邪淫・不妄語・不飲酒に、不塗飾香鬘《ふずじきこうまん》（香水や装飾品を身に着けない）・不歌舞観聴（歌や踊りを見聞きしない）・不坐高広大牀《ふざこうこうだいしょう》（高く広い寝台に寝てはいけない）・不非時食《ふひじじき》（午後から翌朝まで食事をとらない）・不蓄金銀宝《ふちくこんごんほう》（個人資産を蓄えない）が加わる。見習いの僧らが守るべき戒律。理智不二＝密教で理は胎蔵界、智は金剛界を示し、それが根底で一体不二の形で存在していると説く。一夏＝安居《あんご》の行をする旧暦四月十六日から七月十五日までの夏の九十日間。この間、僧は籠って修行する。修正＝修正会《しゅしょうえ》のこと。年初めに寺院で行われる法要。その年の吉祥を祈る。延年＝法会の後の芸能。本覚・真如＝悟りの智慧（本覚）、普遍的な真理（真如）と同置され、本覚・真如と並べられることもある。妙覚＝真の悟り。同居土・実報土＝仏土の名前。修行や悟りの度合いに応じて四種（四土《しど》）に分けられる。天台宗では、①凡聖同居土《ぼんしょうどうごど》（凡者と聖者が雑居する）、②方便有余土《ほうべんうよど》（迷いを残す菩薩が住む）、③実報無障礙土《じっぽうむしょうげど》（高度の菩薩が住む）、④常寂光土《じょうじゃっこうど》（仏だけが住む）。正法＝正しい教え。

【解説】

▼「寂光の理……」、「豈伽耶を離れて……」は天台宗の開祖・智顗《ちぎ》の講説を弟子が筆録したり、後進がそれに注釈を加えたりした書（「法華玄義」「法華文句記《もんぐき》」）の一節だ。前者は理が通る寂光土を鏡や器にたとえ、他の諸土をその鏡に映る像や器に盛る飯にたとえた。

　また後者は「どうして（釈迦が悟られた地）伽耶（ブッダガヤ）を離れて、別のところに浄土を求めるのか。寂光土という（仏が住む）浄土と（人間世界の）娑婆は別々にあるのではなく、衆生の信心次第で娑婆は浄土にもなるのだ」といった意味であろう。日蓮はこの言葉を引用している。

▼ここでは三山の異なる点、共通する点が列挙される。とりわけ新宮と本宮の違いは少なくないとする。

（新宮）	（本宮）
祭神は応身（化身）を顕す	真身（法身・報身）を表す
俗体の禰宜あり	法体（僧）の衆徒あり
禰宜の衣は黄色	僧衣は香染め
祭に御幸あり	御幸なし
供物は地元の魚など	温めた食べ物
結早玉の御殿は別々	一宇の相殿に祀る
修験者の行場は主に神倉山	大峯山（奥駈道の山系）
寺家は在家	庵室に寝泊まりする

▼熊野三「山」と呼ぶように、明治まで三山は神仏習合、それも仏教色の強い聖地だった。しかし三山の神と仏の力関係、三山を支える構成メンバーなどはそれぞれ、また時代時代で異なっていた。

鳥羽上皇の熊野詣に同行、本宮に参拝した源師時《もろとき》の日記『長秋記《ちょうしゅうき》』によれば（長承三年（一一三四年）二月一日）、先達《せんだつ》が熊野三所について「（本宮の主祭神）家津王子（本地阿弥陀仏）は法形、（新宮の主祭神）早玉明神（本地薬師如来）は俗形、（那智主祭神）結宮（本地千手観音）は女形」と説明したことを記している。

速玉大社蔵の「速玉大神坐像」(「夫須美大神坐像」とともに国宝)は俗体の男神像だ。十世紀ごろ地元の豪族がその祖先神として作らせたものではないかとの説があるが、俗体であることが速玉大神と重なりやすかった面はあろう。

宮家準氏は中世の新宮について次のように述べている。

「新宮一山は建武(一三三四—三八年)の記録では衆徒と神官から成り、この両者を両座と呼んでいた。またこのほかに社僧がいて、後にはこの三者を三方社中と称し、上綱が合議によって、これらの統制にあたった。なお三方社中のうちでは神官が中核をなしていた。このうち衆徒は、政務、兵事に当たる者で僧形、妻帯であったが、南北朝以後は俗体となった」(『熊野修験』吉川弘文館、一九九二年)。

本宮が平安中期に仏道修行者の「メッカ」だったことは僧で歌人でもあった増基の紀行文『いほぬし』(庵主の意)からわかる。増基が旧社地大斎原を訪れたのは十世紀末か十一世紀初めと思われる。彼は中洲に二、三百もの粗末な庵室が建てられているのを見た。知人の庵室を覗くと蓑を夜具に、木の燃えさしを枕に寝ていた。知人の修行者は「ご馳走しよう」と「いもがしら(サトイモの親芋)」を焼いてもてなした。

本宮には客僧としての山伏(修験者)も多かった。彼らは礼殿《らいでん》(拝殿)に出仕して読経や供養をしたことから長床衆と呼ばれた。

三山のうち仏教色が一番濃かったのは那智であろう。那智山は本宮・新宮・那智が十一世紀ごろ「三山」としてまとまる以前から、法華経徒などの修行の場となっていた。

江戸後期に編纂された紀州藩の地誌『紀伊続風土記《しょくふどき》』は「那智山は禰宜神主なく皆社僧なり　社僧に清僧あり妻帯あり」「中古より社僧の一臈《いちろう》（年功者）執行《しゅぎょう》職を勤め一山を支配す」と記す。『熊野山略記』は瀧本を押さえていた有力執行家である尊勝院に伝わる文書だ。

『熊野山略記』の那智山縁起で「那智山には男女が一緒に住む房舎はない」といっているのは、この文書が書かれた中世がそうで、近世になって妻帯僧も那智山に住むようになったという時代の変化を物語っているのではなかろうか。

三山建立　多分は天台に依《よ》る。微細は真言に依る。

一伊勢皇大神宮と熊野三所権現は同体の事

伊勢皇大神宮と熊野山は同体の神なるによって、垂迹奇瑞一致するものなり。
伊勢は朝熊《あさま》峯に顕れ、紀州は熊野山に示す。
伊勢は宝剣に顕れ、紀州は神剣に示す。
伊勢は鏡宮に現れ。紀州は月輪に現る。

熊が顕れ鏡が顕れ神が顕れ剣が現る。共に同体をもっての垂迹なり。誰狐疑《たれこぎ》を胎《はら》むや。

伊勢は魔王約諾《やくだく》の誓旨《せいし》により、百王鎮護を正しく為す。済度利生かたわらを為す。

熊野は開元世索《かいげんせさく》の本願に任《まか》せ、済度利生を正しく為す。百王鎮護相い並ぶものなり。

しからばすなわち新宮は伊勢と同体の宗廟を為す。千木鰹木その相を呈す。

本宮は神明超然の霊社の為、難行苦行その実を顕す。

これをもって伊勢を日本第一宗祧《そうちょう》（宗廟）神明と号す。

熊野は日本第一大霊験所と称す。両神よって同体と為す。

日本第一の号《な》はすべて同じと雖《いえど》も、真応により差異あり。

大霊験の名は超え過ぐれしむるものか。以《も》っては扶桑二十一社の列《なら》ばぬ所なり。ただし国神名《じんみょう》帳《ちょう》に今だ入るに及ばず。

三十番神名帳に載り欠けしは、あにその垂迹を以って余社に卓礫《こえすぐれ》たり。その霊験、宗廟を超え過ぐれざらんや。

なかんずく那智山は両山より後に出興《しゅっこう》せしむと雖《いえど》も、利物済生《りもつさいせい》は瀧山なお青色出藍《せいしょくしゅつらん》に勝《まさ》る。藍よりの青の如し。

本宮は理土《りど》ゆえ邪正不二《ふに》で簡別《けんべつ》ならず。新宮は同居《どうご》（土《ど》）ゆえ凡聖雑居にして純一せす。ただ独り那智山は浄土の為、荘厳《そうごん》なものかな。

【言葉】狐疑＝疑いためらうこと（狐は疑い深いことから）。百王＝多くの王。「長く」の意。開元世索＝国を興し世を治める、という意味か。本願＝本来の願い。仏・菩薩が衆生を救うために起こした誓願。真応により＝報身、応身など仏の身のあり方、現れ方によって。二十一社＝「二十二社」については前述。そこに伊勢神宮は入っているが、都から遠い熊野三山は含まれていない。熊野は伊勢神宮以外の二十一社を超えるということか。国神名帳に入らず＝延長五年（九二七年）にまとまった延喜式の中の神名帳（官社一覧）には皇大神宮（内宮）、豊受大神宮（外宮）、熊野坐《くまのにます》神社（本宮）、熊野早玉神社（新宮）が載っている（那智はなし）。「国神名帳」が延喜式神名帳を指すとすれば、そこに入っていないことは逆に那智山の「優越」を示すという含みがあるのだろうか。卓礫＝他に抜きんでて優れていること。出興＝仏がこの世に出現すること。利物済生＝生あるものを救い利すること。青色出藍＝「青は藍より出《いで》て藍より青し」（弟子が師より優れるたとえ）。ここでは本宮・新宮より後から「三山」に加わった那智が、より優れた聖地であると言いたいのだろう。不二＝二つのようでも一つのものという考え。簡別＝区別すること、選び分けること。同居土＝凡聖同居土《ぼんしょうどうごど》（凡夫と聖人が雑居する世界）のこと。

【解説】「熊野山略記」は三山に伝わる伝承や縁起を、那智の尊勝院に関係する修験者たちが類聚《るいじゅう》（寄せ集める）した文書だ。本宮・新宮それぞれの「自慢」が語られ、「那智山瀧本事」では那智のＰＲが目立つ。

伊勢と熊野が「同体」だという主張は、巻第二の新宮縁起に続いてここでもなされるが、剣や鏡などを持ち出すその「理屈」は説得力に乏しい。『長寛勘文』で「同体」を主張した有識者の方が正面から取り組んでいる。「熊野のありがたさ」を宣伝する材料として持ち出した「同体・同格」説だが、武家社会からも神宮が崇拝された中世にあって、どれほどの賛同が得られただろうか。

一、三山御在所の事　本（宮）新（宮）別にあり

那智山は神龍の伏す地、胎金（胎蔵界・金剛界）の権跡なり。これにより神の龍の頭上に如意輪堂を建て、尾の上に瀧本拝殿を立つ。これ法味を受け喰らわせて、神龍出ざるの計略なり。

毎年五月四日夜、瀧本より六十体上と号す面々、火を燃やして如意輪堂に参す。すなわち龍蛇火焔熾盛《しじょう》なるの表示なり。

上下入堂の通路は、これ彼の蛇脊《じゃせき》の上なり。しからばすなわち飛龍・弁財・奇巌・霊石これ綺《あや》しく、奇特を得んとして称すべからず。

一社壇興造《こうぞう》の事。諸家勘文に異説巨《おお》（多）しといえども、瀧山□□□についてこれを注す。

瀧宮は飛瀧権現。成劫《じょうごう》初めて起りし時、瀧水と共に降れる難陁（陀）龍王の化現《けげん》なり。慈恵《じえ》僧正は彼の神事の現れ、応作の所変なり。ある山籠（者）飛瀧権現の正体を拝し奉りべしの由これを祈る。ただちに瀧底より大龍出て瀧上に登る。その足裏に良源との銘あり。その後、慈恵大僧正に帰敬《ききょう》せり云々。

【言葉】法味＝仏法の深い味わいを食物の美味にたとえた。読経など儀式・法要もさす。熾盛＝火が燃えるように盛んなさま。成劫＝始まりの時。難陀龍王＝八大龍王の第一。仏法護神の龍神。化現＝衆生を救うため形を変えて現れる。慈恵僧正＝良源。平安時代の天台宗の僧で比叡山延暦寺の中興の祖。応作＝応化。姿を現すこと。所変＝神仏、鬼、霊などが姿を変えて現れること。帰敬＝帰依すること。

仁徳天皇御宇《ぎょう》、大厦《たいか》の成風を構え、十三の神殿を造る。これすなわち那智山地主飛瀧権現、三山地主證誠大菩薩云々。

證誠大菩薩は熊野山地主権現。丹生《にう》大明神、月弓尊なり。或いは伊勢外宮云々。

□□□は丹生大明神これなり。彼の書に云う。権現の三使者神あり。瀧原、丹生、伊弉諾《いざなき》明神と云えり。瀧原、飛瀧権現、丹生、證誠大菩薩、伊弉諾・中権現、結宮、熊野権現と号す云々。

また弘法大師御遺告《ごゆいごう》に云う。丹生御敷地の東限は大日本国、南限は南海、西限は応神谷、北限は日本河云々。

また応神天皇の丹生御寄進はこの如し。南限阿氏河《あてがわ》云々。今これを案ずるに南限は南海の条。熊野山はもっとも丹生の敷地のところ、神武天皇、牟婁郡をもって権現に御寄進の間。応神天皇丹生御寄進の状は、南限阿氏河の由治定《じじょう》さる。しかれども根本地主の為により、熊野地主の證誠大菩薩を崇め奉る。

あるいはまた或る古記の云う。天照大神は伊弉諾伊弉册《いざなみ》の皇孫なり。熊野権現は伊弉諾伊弉册の皇孫なり。

また弘法大師御遺告に云う。丹生大明神は伊弉諾伊弉册尊の御子なり。この如く三説は、丹生大明神と両所権現はともに由緒なきにあらず。ただし縁記（起）の如くは、天竺伽《てんじくか》（迦）毗《び》（毘）羅国《らこく》に於いては證誠大菩薩は慈悲大王と称し、両所権現は慈悲大王の二人の御子、結早玉と号す。しかる間、天竺に於いては慈悲王を父と為し、本朝に於いては慈悲王を子と為す。これ親と為し子と為す。因果果因、因果因打ち替わる。互いに主伴《しゅばん》の義を表す。

【言葉】成風＝建物など立派に仕上げること。丹生明神＝和歌山県かつらぎ町の丹生都比売《にうつひめ》神社の祭神。高野山の地主神。丹生明神の御子神ともいわれる狩場明神が狩人の姿で空海を高野山に案内したという伝説がある。瀧原＝瀧原宮。三重県度会郡大紀町にある神社。伊勢神宮内宮の別宮《べつぐう》。阿氏河＝有田川の上流に阿氏河荘《あてがわのしょう》という荘園があった。伽毘羅国

＝慈悲大顕王の出身国について『熊野山略記』にはマガダ国とカビラ国の二説が登場する。

【解説】

▼ここでは高野山の地主神・丹生明神も動員して熊野三山の「敷地」を論じているが、おおざっぱすぎて意味がよくわからない。

弘法大師御遺告は、空海が入定《にゅうじょう》する六日前の承和二年（八三五年）三月十五日に弟子・信徒に残したといわれる二十五箇条にわたる遺言。その中に、高野山を訪れた空海に丹生津姫が「昔、人間界に出現したとき、日本の天皇が一万町ばかりの領地を下さった。南は南海を境とし、北は日本河《やまとがわ》（吉野川）を境とし、東は大日本国《やまとのくに》（宇治丹生川）を境とし、西は応神山の谷を境とした。永久にこの地を差し上げて深い信仰の心情を表したい」と告げた、という一節がある（遠藤祐純氏訳注の「御遺告」。『弘法大師空海全集　第八巻』筑摩書房、一九八五年、に所収）。応神山がどこを指すかは不明だが、和歌山県紀の川市の名手《なて》八幡神社の地は「応神山」と呼ばれてきた。同社は丹生津姫や神功《じんぐう》皇后とその子応神天皇の伝承をもつ。

▼熊野の神々と古代インドの王族を結び付ける狙いは熊野三山の「権威付け」だろう。前掲の系図では結早玉は慈悲大顕王（熊野権現）の子となっているが、日本で結早玉がイザナミ・イザナキと重ね合わされると、そちらが祖になる。その矛盾を仏教の「主伴」（主になったり客になったりすること）から説明しようとしているようだ。

早玉宮中御前は伊弉諾尊。日本国主宗廟霊神なり。

秘書に云う。伊舎那天《いざなてん》、伊舎那后は日本開闢《かいびゃく》本主、当宮霊神これなり云々。

結宮《むすびのみや》西御前は伊弉册尊なり。彼の尊、日神と月神を産む。

蛭子《ひるこ》、素盞烏《すさのを》（素戔嗚）尊の後、火神を産みし時、紀州有間（馬）村の産田宮《うぶたのみや》で崩御。すなわち彼の霊魂は大般涅槃岩屋《だいはんねはんいわや》にあり。

産田宮の祭礼の時、彼の岩屋に御七五三《しめ》（縄）を下げる云々。

もししからば霊魂は紀州に御垂迹。もっともその便りはあるか。

　これもって諸家勘文この義多し。

若女一王子《にゃくにょいちおうじ》は天照太神の垂迹。両所権現の王子なり。

若女一王子の号、もっとも所以《ゆえん》はあり。新宮に千木鰹木を置くこと、證誠、両所、若一王子の四所なり。また（藤代）鳥居の額に云う。日本第一大霊験所根本熊野三所権現若女一王子。

可知《しるべし》。

四所明神、次第七殿に十三所を崇《あがめ》しむ云々。

一説には結宮は中台を為し、左右に各三社を作り営むなり。

（左方）一番早玉、二番證誠殿、三番瀧宮。右方一番若女一王子、二番残る四所王子、三番四所大明神云々。

【言葉】伊舎那天、伊舎那后＝仏教の天部における天神とその后。欲界第六天の主。南北朝時代に南朝の正当性を主張した北畠親房の『神皇正統記《じんのうしょうとうき》』に「ある説にイザナキ、イザナミは梵語なり。伊舎那天、伊舎那后なりという」というくだりがある。

【解説】熊野那智大社の現在の社殿は、向かって右から第一殿滝宮（祭神・大己貴命《おおなむちのみこと》）、第二殿証誠殿（家都御子《けつみこ》大神）、第三殿中御前（速玉大神）、第四殿西御前（夫須美《ふすみ》大神）、第五殿若宮（天照大神）が並び、左手に第六殿八社殿（天神地祇）が建つ配置となっている。

鎌倉時代の「一遍聖絵《ひじりえ》」、室町時代の「那智山宮曼荼羅」もこの配置で社殿が描かれているから、社殿のありようは、瀧本から高台の現在地に移されて以来、基本的に変わっていない。

ただ「一遍聖絵」や「那智山宮曼荼羅」をよく見ると、第一殿が他の四殿よりやや奥まった所に鎮座していることに気づく。これは大己貴神（飛瀧《ひろう》権現）である大滝を拝する別格の社殿という位置づけであろう。本宮と新宮が「十二所権現」なのに対し那智は「十三所権現」と称していたゆえんでもある。

一堂舎ならびに奇巖霊水の事

如意輪堂は裸形上人の庵室なり。すなわち彼の本尊は如意輪観音、閻浮檀金《えんぶだごん》の尊像なり。千手堂は三尊薩埵《さった》の尊容。忝《かたじけな》くも清和、寛平（宇多）、花山三代の御本尊。金銀千手 長さ五寸・十一面 長さ三寸八分・如意輪 長さ八寸云々。火災たびたび及ぶといえども、霊像は巖上に厳然と而立《じりつ》せり。驚異奇特、世もって知る所なり。

また内裏《だいり》に二間観音あり。花山法皇巌窟に奉納。禁裏にその儀を祈り奉る。今においても絶えず。二間は夜居《よい》の本尊なり。

玄奘三蔵《げんじょうさんぞう》本尊は 赤栴檀《しゃくせんだん》木像観音。異香芬馥《いきょうふんぷく》今に絶えず云々。

或いは北斗影向《ようごう》の木。補星《ほせい》降臨の杉。或いは善如龍王の岩。

無熱悩池《むねっち》の水。几（凡《およそ》か）当瀧（には）七木七石七水七瀧あり。

七木は安倍清明朝臣、花山法皇の勅《ちょく》を受け請い勧めるところ、北斗七星ただちに七木の梢《こずえ》に影向、七水の波に降臨。その杉は山上・河中・閼伽井《あかい》・作籠《さくろう》・中別所 御仏に餉進《きょうしん》・小別所・内陣。ただし権現同じ七木の梢に影向。最秘の杉なり。

七水は𑖀（ア）字水 小伏拝

香水 内陣にあり・大樋《とい》 無熱悩池水・小樋 甘露池水・閼伽井 七人先徳の閼伽井なり・護摩堂 北斗影向・古衆水 龍王口より出水なり。飲の者は無病無悩、色力自在なり云々。

七石は

一ノ岩屋 別所籠の岩屋と号す。先達《せんだつ》岩屋 深きこと際限なし。塩の干浜の如く、葛木の二鬼常に通る云々。裸形上人夜岩屋 巻敷岩屋と号す。摩多羅神岩屋 すべて四所、摩多羅神岩屋にあり。弁才天岩屋 同じく四所にあり。大黒岩屋 同じく四所の内の古石にあり。加利帝母《かりていも》岩屋 権現御在所池を堤（埋か）むる霊神なり。神母女はこの傍《かたわら》の河中にあり。

七瀧は

一ノ瀧 千手千眼霊像、直ちに巌窟に顕る。三重瀧水上は天河《あまのがわ》ゆえ見えず。二ノ瀧 如意輪。三ノ瀧 馬頭。三ノ瀧上、登ること得ず。弁ノ瀧 弁才天。布引ノ瀧。内陳ノ瀧 最秘の瀧なり。新客ノ瀧 山に入らざる籠衆、しばらくこの瀧に行く。よって新客の瀧と号す。

その外《ほか》の秘所

妙法峯 空勝上人、一宇（字か）三礼の法花（華）経を納め奉る石塔の峯なり。また蓮寂上人の空鉢十二ここにあり。

最勝峯 先徳が最勝王経を納め奉りし峯なり。

光峯 頂《いただき》に池あり。加利帝母、神母女光を放つ故、光峯と号す。彼の池に五部大乗経を納め奉り、皆光を放つ故に光峯と号す。この経の功徳により、池の蛇（解）脱を得しゆえ、池に水なく山と為す云々。

仏頂山 また仏頭山と号す。如（妙か）法峯に法花（経）供養の時、この峯より千仏涌《わ》き出《いず》る云々。

花山法皇御庵室 同御墓所

御参籠の時、頭風《ずふう》の御悩みあり。ここに霊夢の告げて云う。法皇の先生《せんしょう》は当山の行人《ぎょうにん》なり。入滅の後、その頭、二ノ瀧の上の峯にありて頭目《とうもく》より木出生《しゅっしょう》す。これによりて頭悩あり。尋ねこれを取りて孝養を致さば頭悩平癒、悉地成就《しつじじょうじゅ》せんと云々。よりて八月彼岸前の十日の間これを尋ね出で、彼岸正中七日供養の儀を致す。釈迦涅槃の儀をそれ相摸《あいも》ほす。彼岸後三日、悉地成就の相顕《あらわ》して御悩みたちまち平癒せり。これ彼岸礼法三十七日の断食、巡新衆の規摸《きぼ》（模）なり。

大狩籠《おおかりごめ》、小狩籠（花山）法皇、（安倍）清明朝臣を召され、魔人対（退）治の祭礼を修《しゅう》せらる。すなわち魔人を両窟に狩り籠め、天魔波旬《はじゅん》の障礙《しょうげ》（碍）を止む。

【言葉】　閻浮檀金＝閻浮樹（インドの巨木）が立つ森を流れる河で採れる高価な砂金。薩捶＝菩薩（求道者）のこと。厳然＝おごそかで動かしがたい様子。而立＝立つ。内裏＝天皇や法皇の私的区域。禁裏＝御所。夜居＝宿直《とのい》。加持祈禱のため、僧が夜に貴人のそばに付き添うこと。玄奘三蔵＝三蔵法師。唐の時代、経典を求めてインドに行き、帰国後に翻訳。地誌『大唐西域記』を編纂した。赤栴檀＝香木の一種。芬馥＝重ねてよい香りがする。北斗＝北斗七星のこと。北極星・北斗七星を神格化したのが妙見菩薩。影向＝神仏が一時的に姿を現す。補（輔）星＝北斗に付き従う従属星座。善如（女）龍王＝龍王の一尊。雨乞いの対象になる。無熱悩池＝灼熱の苦しみのない池。閼伽井＝仏前に供える水を汲む井戸。

閼伽はサンスクリット語の音写で功徳水の意。作籠＝籠を作る所か。餉進＝食事を供える（する所）。別所＝修行者が草庵などを建てて集まった地域。内陣＝内陣（本尊や祖師像などを安置する建物）か。梵字の「ア」字＝万物の根元。胎蔵界では大日如来を表す。先徳＝先賢。前代の有徳の僧。古衆＝修験者の位のひとつ。摩多羅神＝天台宗で阿弥陀経の守護神とされた。加利帝母＝訶利帝母（鬼子母神《きしもじん》）。仏教を守護する夜叉、女神。新客＝初入峯の山伏をいう。客は客僧の意味。頭風＝頭痛。当山の行人＝那智山で修行する修験者。孝養＝父母の供養をねんごろにする。悉地＝修行により完成された境地の事、成就。規摸（模）＝手本、模範。巡新衆は新参の修験者（山伏）の位で、「花山院の断食修行を手本にせよ」という意味か。波旬＝天魔とは第六天魔王の波旬のこと。花山法皇の仏道修行の妨げを安倍清明が岩屋に閉じこめた。障礙（碍）＝ものごとのさまたげ。

【解説】花山法皇の頭痛のくだりは花山より後、源平時代の後白河上皇・法皇のエピソードを想起させる。話によって多少の相違はあるが、おおむね次のようだ。

後白河院は長年頭痛に悩まされていた。霊夢によって、前世が熊野の行者で、その髑髏《どくろ》が熊野の川底で柳の木に引っ掛かり、それが原因と分かった。熊野川沿いに立つ柳の大木を切り倒し、それを京へ運んで三十三間堂を建てたところ、頭痛は平癒した。切り倒した柳の跡に建立されたのが楊枝《ようじ》薬師堂（熊野市紀和町）だという。この柳の精は「お柳」という女性で、夫や子との別れの悲話も語り継がれた。

十柱《とはしら》王子岩屋 院誠上人、日本国中の名所名山の十柱王子を請い召し、悉地成就の本願と為す。当代に及び花山法皇御本尊と号す。別行に次第あり。深山霊窟に於いてこれを修すべし云々。

五大尊岩屋。四天王岩屋。大荒神岩屋。大聖歓喜天岩屋。吒天《だてん》（荼枳尼天《だきにてん》）岩屋。

鳩槃荼《くばんだ》鬼岩屋 奇岩恠石《かいせき》、当瀧の区（切）を名するなり。天龍八部岩屋。諸神影向《ようごう》岩屋。諸天降臨岩屋。

鳩般恭鬼岩屋（鳩槃荼鬼岩屋のことか）に天照大神が影向。摩多羅神岩屋、鳩岩屋、鬼岩屋これあり。弥《や》二度下《にどした》、最秘なり。

天照大神毎年三度影向岩屋　六月十八日・九月九日・歳籠《としごもり》三ケ日。

○役優婆塞《えんのうばそく》、多季《ねん》（年）薫修《くんじゅ》行法岩屋　行者出家以前の時分なり。

常燈不断に香る岩屋　当代に至るまで燈あり、薫香あり。拝見の輩《ともがら》ありて繁昌なり。

十五童子岩屋。同十五石。陁羅尼衆内腕《だらにしゅうないわん》、陁羅尼、最秘なり。陁羅尼衆十五人は十五童子を表すなり。

柱松の真木《まき》の在所・同葛《くず》の在所　年籠り柱松の真木・葛は灌頂《かんじょう》の時に表示あり。五瓶庄（荘《そう》）厳《ごん》の秘法なり。有情出生《ゆうじょうしゅっしょう》の義なり。

年籠灌頂の在所　弥二度下、最秘なり。

毎年十七度礼法の在所　皆秘所なり

三代聖皇の重石　清和・寛平（宇多）・花山三代、御参籠毎に重石せらる。今三重あり。末代に及び七重あるべし。これ七人の仙院の御参籠あるべきの表示なり云々。

慈恵大師毎年一夏《いちげ》九旬《くじゅん》行法の庵室今の小別所これなり。

範俊僧正七百三日、不断に愛染法を修められる時、三寸の火舎に香を絶やさず。同檀上に現れ出《いで》し如意宝珠これにあり。

浜宮堂　補陁《ふだ》（陀）落《らく》（洛）山渡海《さんとかい》上人、この寺に於いて加行《けぎょう》を致す。補陁落山著（着）岸の後、上人乗りし船ならびに書札とも、この浦に帰着。

浜宮　若女一王子は十一面、錦浦大明神は尺（釈）迦、関東二所権現なり云々。

錦浦　那智山如意輪堂御勤の事。錦浦をかたどる波音妙《みょう》にして、如意輪尊の大咒《だいしゅ》を誦《とな》え唱《うた》うが如し。すなわちその梵声《ぼんしょう》の響きは、当堂の妙業《みょうぎょう》（行）者の為なり。金峰、子守、地蔵。

一野《いちの》　三説これあり。一は若王子《にゃくおうじ》・伊勢・山王。二は若王子・金峯子守・伊勢。三は伊勢・若王子・妙見。

九品境石《くほんきょうせき》　熊野霊地は九品の浄刹を表す。本宮にいわゆる九品の鳥居あり。瀧山の九品は立石、巌顕《がんけん》をもって表示と為す。

多和下王子《たふけのおうじ》　振瀬あり□□。また多富気彦火火出見尊《ひこほほでみのみこと》、御幸の御祓いのところ。

二橋水《にきょうすい》　この水は難陀・跋難《ばつなん》二龍王の吐き出し水なり。二瀬云々。本河は瀧流、檜《ひのき》谷を流る。

本宮の油（細）河と二橋水は同流なり云々。縁起に云う。伽毗《かび》（毘）羅国《らこく》の油（細）河細うして東南に流る。摩耶夫人《まやぶにん》、（太子＝釈迦）誕生（の時）、太子これを浴し、天龍と化し衆の風塵を除《はら》う。南山御熊野《みくまの》の油（細）河も細く東南に流る。国母《こくぼ》、仙院《せんいん》祈禱し、天子これを浴し、金剛童子は護衛を加う。当山二橋、彼東南に流る表《しるし》ゆえなり。

退凡《たいぼん》卒都《そと》（塔）婆《ば》（几は凡か）

本宮を下り乗り隔てること三里、瀧水下と名する。これ無熱悩池の潜流なり。沐《もく》の者は業《ごう》障積塵《しょうせきじん》を灌《そそ》ぎ、清浄法身に成る。不空羂索《ふくうけんさく》観音ここに坐《いま》す。もし邪心断たずば、その者その前を過《す》ぐることなし。

瀧山を下り、乗ること六里、一野宮と号するあり。天照大神の垂跡。参詣の客はおのおの悉地を成す。

本宮退凡を隔て半日、発心門《ほっしんもん》と名する。これ凡より聖に入るの初門なり。入るもの悪を転じ善を為すことを得て、無畏《むい》堅固の身となる。大日身菩薩ここに坐す。もし妄念《もうねん》を禁じえぬ者はこの闥《たつ》（門）を入れず。瀧山の退凡は惣門に在り。法身門と号す。源《みなもと》を窮《きわ》め、これを浄しむ妙地なり。練行《れんぎょう》の輩《ともがら》みな解脱を得る。

大伏拝《だいふしおがみ》・小伏拝　等妙の二覚を表す如し。

出生門・涅般《ねはん》（槃）門　生死すなわち涅槃を表す。山籠衆入法の時、涅槃門に向い入り、退出の時は出生門より出る。口伝《くでん》にあるのみ。

金経門　十羅刹門《じゅうらせつもん》

昔、実誉上人勤行三ケ年の後、霊夢の告により真金《しんきん》を瀧上に得たり。ただちに十二所権現の本地（仏）を鋳《い》て治《おさ》め奉る。五部大乗経を書写し巌窟に奉納、これを金経門と号す。十羅《じゅうら》刹女《せつにょ》、正現の二聖、二天擁護云々。この金の余残をもって他事に用するを擬《はか》らば、にわかに石墨と成り、用いるところ能《あた》わずのみ。

□□□凡は眼を遮《さえぎ》り耳の奇特に触るる。

頭《こうべ》を傾け肝に銘じる秘術、禹《う》が筆も記すること能わず。

齢竿《れいか》筆もや注すに及ばん。

姫孔の書、更に談《かたる》を忘れ、老荘の作、何ぞ演《のべ》ることを得ん。

誠に一生は十地《じゅうじ》優遊の所《しょ》、和光同塵の済生の所のみ。

すべて瀧窟参籠の客侶《きゃくりょ》は広劫《こうごう》、宿習《しゅくしゅう》の機縁なり。三廻りの行業は軽微なりといえども、一生に三大阿僧祇《あそうぎ》の苦行を超え、千日の参籠は不久といえども、即座に十六大菩薩の地位を経る。これ併せて煩悩永断の行門、即身成仏の要路なり。その行門には大小乗の軌範あり、惣持門の正宗あり、長時不断の行業あり、彼岸年籠の礼法あり。或いは釈迦六季（年）の苦節に学び、或いは秘密最上の教法を語る。いちいちの綱目《こうもく》は下に俟《まつ》べし。

【言葉】荼枳尼天＝もともとインドの夜叉だったが、空海によって日本に持ち込まれ、大日如来の使いとして重視された。天女の姿で描かれる。鳩槃荼＝インドの魔神。仏教では護法神（鬼神）の一族とされる。恠石＝妖しい石。弥二度下＝滝修行をする修験者の位。歳（年）籠り＝大晦日に社寺にこもって新年を迎える行事。陁羅尼衆内腕＝陀羅尼経を唱える修行者がそれを抱えて岩屋に籠る、ということか。柱松＝先端に御幣または榊《さかき》をさした高い柱を立て、先端に火を点じる祭事。民俗行事だが、修験道では点火の早さを競うなど験競《げんくら》べの要素がある。灌頂＝密教の儀式。受戒する時や修行者が一定の地位に上がる時に行う。五瓶＝五瓶華《ごびょうげ》（護摩壇の四隅に蓮の花を飾る）を指すのか。荘厳＝おごそかで立派なさま。有情＝人間・鳥獣など心の動きを有するもの。重石＝上皇・法皇が参籠したしるしの石。慈恵大師＝天台宗の僧、良源。一夏九旬＝旧暦四月十六日から七月十五日の九十日間。これを一夏九旬といって各種の安居《あんご》（僧たちが外出せずに修行する）行事がある。範俊＝平安期の真言宗の僧。白河天皇の命で雨乞いをしたが、同門の義範の妨害を受け、那智山に隠れた。加行＝あることを達成するための準備の修行。浜宮堂は補陀洛山寺だろう。書札＝書き物や手紙。渡海僧の書状などは見送った人びとが持ち帰ったということか。関東二所権現＝箱根権現と伊豆山権現。大咒＝神通力を与えるとされる長い呪文。梵声＝仏の清らかな声。妙行＝正しい行為、すぐれた行法。九品＝極楽往生を願う人の性行によって定められた九種の階位。摩耶夫人＝釈迦の生母。国母、仙院＝国母は天子の母、仙院は上皇や法皇。国母仙院は出家した皇太后を指す。卒塔婆＝供養のための木製の細長い板。業障＝悪行によって生じた障害。不空羂索観音＝六観音のひとつ。羂索は鳥獣をとらえる網のことで、この観音が慈悲の羂索をもって衆生をもらさず救うという意味。妄念＝迷いの心、誤った思いから生じる執念。練行＝仏道の苦行を積むこと。等妙＝等覚と妙覚。菩薩が修行して到達する階位で「深い悟りの境地」。二つの階位はほぼ等しく、一つにして「等妙」と呼ばれる。羅刹＝古代インドの鬼神。仏教に取り入れられてから凶悪な煩悩を食いつくし仏法を守る善神になった。十羅刹女＝女性の鬼神たち。人の精を奪う鬼女だったが、鬼子母神《きしもじん》とともに法華経信者を守る善神となった。二聖、二天＝二聖は薬王菩薩と勇施菩薩、二天は毘沙門天と持国天。禹＝古代中国の伝説的聖王。姫孔＝中国古代の宰相。老荘＝老子・荘子。十地＝菩薩が修行して得られる五十二の位のうち下から数えて四十一番から五十番目の位をいう。優遊＝のんびりと心のままにするさま。済生＝生命を救うこと。広劫＝長い年月。宿習＝前世で積み重ねた善悪の行為の影響。阿僧祇＝数えきれない、無数。行門＝自力修行の法門。大小乗＝大乗仏教と小乗仏教。軌範＝規範。行動や判断の基準、手本。釈迦六年の苦節＝王子の地位を捨てた後、悟りを求めての六年間の苦行、を指すのか。綱目＝物事の大要と細部。大きな区分と小さな区分。

【解説】

▼補陀落渡海は南方海上にあるとされた観音浄土をめざし、還ることのない船旅、宗教的実践である。補陀落は梵語の「ポータラカ」からきており、観音菩薩が住む所。揚子江の河口沖の舟山諸島の普陀《ふだ》山とも南インドの海岸の地ともいわれた想像上の聖地だ。わずかな水と食料を積んだ小舟でたどり着けるはずはなく、極楽浄土をはかる入水《じゅすい》行、捨身《しゃしん》行だった。

那智勝浦町浜ノ宮の補陀洛山寺には平安前期の八六八年の慶龍上人から江戸中期一七二二年の宥照《ゆうしょう》上人まで二十五人の渡海僧の名を刻んだ石碑が建つ。近世には僧侶の遺体を舟で沖に流す水葬に、中身が変化したといわれる。

▼一野は市野々《いちのの》王子のこと。補陀落渡海船が船出した那智の海岸から那智大社・青岸渡寺に向かう途中にあった王子社である。藤原宗忠の『中右記』には「一野」、藤原頼資《よりすけ》の『修明門院熊野御幸記』には「一乃野」とある。ここでは、その祭神をめぐっての諸説を紹介している。

一方、多和下王子は多富気王子のこと。市野々王子より上方、那智山に上る大門坂近くにあった。『日本書紀』で彦火火出見と呼ばれる人物は二人いる。天孫降臨のニニギノミコトの子ホヲリ（山幸彦）と、その孫にあたる神日本磐余彦（神武天皇）だ。前者の舞台は日向なので、ここで言うヒコホホデミノミコトは熊野に上陸したとされる神武であろう。

▼退凡《たいぼん》下乗《げじょう》＝本文は「退凡」とあるが「退凡」であろう。摩訶陀国王によって釈迦説法の地、霊鷲山《りょうじゅせん》に建てられた二本の卒塔婆に書かれた語。一本には「下乗」と記し、王も乗物から降りて歩いた。もう一本には「退凡」と記され、凡人の立ち入りを禁じた。この四字を札に書いて寺院の門前に建てた。

一瀧山参籠衆の定時勤行は、如意輪堂ならびに拝殿両所に各三時に御勤め、陁羅尼衆は鐘楼に日没に出仕。瀧下（本）の千手堂に三時、拝殿は例時。初後夜《しょごや》、御仏性ならびに番頭番子は長日、法花（法華経）を読誦《どくしょう》す。また瀧本において長日各二十七ケ日断食。新衆二度下と号す。

また先達《せんだつ》、古衆《こしゅう》、小先達、長日勤行なり。

一参籠衆没理四度勤《ほりしど》は、先段に載るごとく長日瀧本勤行なり。

最初参籠衆を新客と号す。二十七日三十七日種々の礼法に遇《あ》い、その後、山籠に入る者なり。

ただし本山の籠衆、満衆六十六人参籠の時は、あるは二年あるは三年、新客は瀧守を行し、山籠者に入るを闕《か》く。

次に新客、山籠に列《つら》なる。これを大山籠《おおやまごもり》と号す。

次に大山籠は以後、或はすべて陁（陀）羅尼衆となり、或は供養法衆と交わる。もし闕《けつ》なき時はこれに入るをなさず。大山籠、陁羅尼、供養法衆など、中に先んじて没理四度勤を行わしむものなり。没理は沉空《げんくう》を没する理《ことわり》なり。

四度勤は
先に新衆《しんしゅう》。二十七日断食、預流果《よるか》聖者。

次に二度下《にどした》。二十七日断食、一来果《いちらいか》聖者。

次に小先達《こせんだつ》。瀧本衆世間役勤仕の仁《ひと》（人）なり、不還果《ふげんか》聖者。

次に古衆《こしゅう》。瀧本堂拝殿の奉行なり、阿羅漢果《あらかんか》聖者。

所作己弁《しょさきべん》の仁なり。没理古衆と号す。

長日先達 彼岸年籠は越家《おつけ》役。夏中は多分没理古衆役。一代教主の表示なり。

毎日法花（法華経）読誦の番頭、多宝証明の儀を摸《さぐ》る。同じく番子は法花読誦の行者なり。

一夏中勤行は忉利《とうり》（天）効《つとめ》の安居《あんご》九十日。三時の仏事を行す。

瀧山参籠六十人連なり、不断に供花を勤める。その中にあるを安居別所と号す。籠りの九旬、断穀菜食の行を専《もっぱら》とす。或いは延年衆と名する常客は毎夜、廻雪《かいせつ》の曲を奏でて乱舞す。これすなわち菜食は慈恵大師の丹誠より起こる。延年は乱舞廻雪し、神の感興《かんきょう》を催す。

日本書記（紀）に云う。南山に大神あり。乱舞を好む神なり。また云う。

南山に大神あり　乱舞廻雪の神と号す。

一彼岸勤は花山法皇の御仏事、大般涅槃《だいはんねはん》の儀なり。また密教配当時は金剛界の義なり。

勤者七人のうち、上臈《じょうろう》四人の勤めは四智心品《しちしんぽん》を表す。別所籠・先達・小先達・古衆これなり。

下臈三人の勤めは三因仏性《さんいんぶっしょう》を表す。二度下・巡《じゅん》新衆・弥《や》新衆これなり。

三十七日断食。うち前十日は修行の時分。法花経に云う。須臾《しゅゆ》これを聞く。阿耨多羅三藐三菩提《あのくたらさんみゃくさんぼだい》の究《く》竟《きょう》を即得《そくとく》す。これにより三祇百劫《さんぎひゃくごう》の修行は講前十日。

彼岸正中七日は大日涅槃の義を表す。六十人ことごとく正番頭を織り助け、正番頭は供花を備え法花（法華経）を誦《しょう》す。助番頭は聖焜（燈か）を挙げ供養をなす。後三日は天長地久《てんちょうちきゅう》の御願を勤める。花山法皇の御仏事次第は岩屋相伝の段にこれを載せる。

三十七日の断食已満《いまん》の後、越家、巡弥両新衆は没理、二度下・小先達・古衆は次第に昇進。越家、二度下は没理、小先達・古衆は次第に昇進。その後に了縁三仏性《りょうえんさんぶっしょう》増長の故《もと》を正す。次彼岸に二度下は報身平等性智《ほうじんびょうどうしょうち》の小先達となる。巡新衆は成所作智《じょうしょさち》（来は成か）の先達となる。ただし一代教主は釈迦応身《おうじん》の儀なり。弥新衆は妙観察智《みょうかんさつち》の古衆となる。

また小先達はなお修習、次の彼岸に大円鏡智《だいえんきょうち》の別所籠となる。

これすなわち三身の相は即報身如来、顕教に付順の儀なり。

また密教配当の時は大日法身如来なり。

【言葉】初後夜＝始めと終わりの夜。没理＝参籠修行を一段階ずつ終了した状況を「没理」と呼んでいるのだろうか。四度勤＝四段階の修行を通じて仏に近づいて行くということか。仏教で最高の悟りの境地である阿羅漢果に至る過程（預流果、一来果、不還果、阿羅漢果）を四向四果《しこうしか》という。「向」は修行の目標、「果」は到達した境地を示す。世間役勤仕＝日常生活の世話をするという意味か。所作已弁＝なすべきことをなし終えた。多宝＝多宝如来。番子＝当番の者。夏中勤行＝夏安居《げあんご》のこと。夏の期間、一所に籠って修行する。夏籠り、夏行ともいう。忉利天＝欲界における六欲天の第二天。延年衆＝法会などの後に芸能を演じる修験者。廻雪＝風に舞う雪のように巧みに袖をひるがえして舞うこと。丹誠＝真心、飾りや偽りのない心。感興＝興味がわくこと。南山に大神あり。乱舞を好む神なり＝『日本書紀』にそうした記述は見当たらない。「崇神天皇が三輪山の神・大物主《おおものぬし》をもてなして一晩中酒宴を催した」という話はあるが、「乱舞を好む」とは書いていない。四智＝大乗仏教の学派のひとつ唯識《ゆいしき》派が説く、仏の悟りに到達したときに得る四種の智慧。大円鏡智（鏡のように無心に対象を映す智慧）・平等性智（自他を平等にみる智慧）・妙観察智（事実をありのままに観察する智慧）・成所作智（成すべきことを成し衆生を救済する智慧）。心品＝心の働き。三因仏性＝仏となるための三つの要因（正因《しょういん》・了因・縁因）。正因仏性（一切のものに本来備わっている仏の境地）・了因仏性（それを覚知し開き現す智慧）・縁因仏性（了因を助け、正因を開発してゆく縁となる善行）。時分＝時期。須臾＝一瞬。阿耨多羅三藐三菩提＝最高の理想的な悟り。究竟＝物事の最後に行き着くところ。即得＝ある状態に至ったときに、即座にあるものを得られる。「即得往生」は命を終えるとただちに極楽往生すること。三祇百劫＝菩薩が成仏するまでの長い期間。天長地久＝平和や長寿、繁栄が長く続くことの祈願。已満＝終えること。次第＝順次に。報身＝仏の三種の身のあり方（法身・報身・応身）の一つ。修行を積み最高の功徳を備えた仏身。応身は衆生を救うため状況に応じてこの世に現れた仏。化身と同じ。

一年籠《としごもり》勤は金剛薩埵《さった》灌頂《かんじょう》の義を相す。真言秘蔵頓證《とんしょう》の極果《ごくか》なり。

いわゆる年籠九人勤は胎蔵八葉の九尊を表す。すなわち別所籠中方・副古衆東方・大先達北方・小先達南方・巡古衆西方、以上五人を勤上臈と号す。巡二度下東南普賢、弥二度下西南文殊、巡新衆東北弥勒、弥新衆西北観音。以上四人を勤下臈と号す。すなわち三十七日の断食を行い、無際限の礼法に遇《あ》う。各経一廻の後、皆仏道を増進。その難行は十二月二十日より次歳（年）正月十日に至る。断食三十七ケ日の間、毎日三時に御勤。毎夜不断に礼拝。或いは堂内閼伽井《あかい》の行業。或いは歳籠り十七箇の礼法。その苦節は更に凡慮《ぼんりょ》の及ぶ所にあらず。結願《けちがん》の後、また巡新衆・弥新衆の二人は二度下を加えて行門《ぎょうもん》に行き、二十七日断食。その後四人とも没理。先達・古衆は四度勤終の後におのおの年籠りの成立を待つ。五智如来の者なり。

その昇進の次第は

巡二度下。南方に成る、宝性《ほうしょう》（生）尊開敷花《かいふけ》（華）王《おう》如来、平等性智、小先達。

弥二度下。東方に成る、阿閦《あしゅく》尊宝幢《ほうどう》如来、大円鏡智、副古衆。

巡新衆。北方に成る、不《ふ》空成就《くうじょうじゅ》尊天鼓雷音《てんくらいおん》如来、成所作智、先達但し兼顕宗応化。釈迦教主の宝位。

弥新衆。西方に成る、無《む》量寿《りょうじゅ》（阿弥陀）尊、妙観察智、古衆。

小先達。中央に成る、大日如来、法界体性智《ほっかいたいしょうち》、別所籠。

凡（凡《すべて》か）巡二度下は一廻を経て宝性如来と成る。灌頂の位は、小先達よりまた一廻を経て別所籠と成る。これを三歳籠と号す。無上の越家《おつけ》、これ漸次即身成仏《ぜんじそくしんじょうぶつ》なり。文に云う。もし衆生ありてこの教えに遇《あ》いて、昼夜四時（朝・昼・夕・夜）に精進し修すれば、現世《げんぜ》に歓喜地《かんきじ》を證得《しょうとく》し、後の十六生《しょう》に正覚《しょうがく》を成《じょう》ず。

また貴人の中の漸次を経ずして直ちに別所籠となる（者）、これを直住別所籠と号す。文に云う。この三昧《さんまい》を修《しゅう》する者は現に仏菩提を證す。

また巡二度下は親王位。小先達は春宮位。別所籠は帝位、すなわち法皇の御体。巡新衆は執《しっ》柄《ぺい》息。大先達は摂録位なり。当瀧に於いては（安倍）清明を体するのみ。


【言葉】修行者の肩書であろうか、巡新衆、弥新衆、巡二度下、弥二度下、小先達、大先達、副古衆、古衆のほか越家、別所籠などさまざまな名称が登場するが、それぞれどのような位階・地位で、何から何へ昇進していくのかなどはわかりにくい。金剛薩埵＝密教で大事な役割をもつ菩薩。大日如来と衆生を結ぶ。普賢菩薩と同体ともいわれる。頓證＝すみやかに悟りに達すること。極果＝修行によって得た最高の悟り。八葉の九尊＝胎蔵界曼荼羅では、中台八葉院における八葉の蓮華上の宝幢・開敷華王・無量寿・天鼓雷音の四仏と、普賢・文殊・観音・弥勒の四菩薩、そして八葉の中央に坐す大日如来の九尊。凡慮＝凡人の考え。行門＝自力修行の門。無上＝無上正覚のこと。完全な悟りを得ること。別所

＝平安中期ごろから寺院の境内などにつくられた宗教施設や草庵。そこに在住したのが聖で、別所は彼らの集団生活の場でもあった。執柄＝権力者。摂録＝摂政。

【解説】

▼密教では、大乗仏教唯識派の説く四智に大日如来の智慧を加え五智とし、それを五体の如来にあてはめた。金剛界曼荼羅では以下のようになる（カッコ内はその配置とそれぞれの智）。

大日如来（中央）（法界体性智＝究極的な智慧）
阿閦如来（東方）（大円鏡智＝すべての姿を映し出す智慧）
宝生如来（南方）（平等性智＝平等を体現する智慧）
阿弥陀如来（西方）別名・無量寿如来（妙観察知＝事実を洞察する智慧）
不空成就如来（北方）（成所作智＝成すべきことを成し遂げる智慧）

一方、胎蔵界曼荼羅では、大日如来を中心に宝幢如来（東方）、開敷華王如来（南方）、無量寿如来（西方）、天鼓雷音如来（北方）が配置される。

▼「文に云う」として、「もし衆生ありて……」「この三昧を……」という言葉が紹介されているが、この「文」とは空海（弘法大師）が著した「即身成仏義」のことである。成立は弘仁年間（八一〇―八二四年）とされる。空海は密教経典である『大日経』『金剛頂経』『菩提心論』などを基に、この世の肉身のままで究極の悟りをひらき、仏になりうるとい

う即身成仏の理論と思想を展開した。その著作「即身成仏義」の中に『金剛頂経』からのこれら引用がある。

　松本照敬氏の訳注によると、最初は「もし人びとが、この教えに遇って昼夜にいつでも励むならば、この世において歓喜地に至って、のちの十六生において正しいさとりを完成する」、二番目は「この三昧（心を集中すること）を実修すれば、現に（仏陀の）さとりを体得する」という意味になる（『弘法大師空海全集　第二巻』筑摩書房、一九八三年、に所収の「即身成仏義」）。

　歓喜地は菩薩修行の最初の段階。そこに至ると、もはや俗位に退転せず成仏できることから、その名が付いた。十六生は金剛界曼荼羅《まんだら》の十六大菩薩の功徳が現れる境地をいう。

一陁羅尼衆は、十五童子を表す十五人あり。十人は末衆を為し供す。五人は上首《じょうしゅ》を為す。当瀧は弁財天、如意宝珠をもって衆生を利し福禄を与える云々。これによって陁羅尼衆おのおの表示あり。一和尚は龍樹権現。得（徳）善大王筆を執《と》る。陁羅尼所司《しょし》は弁財天。本若護法《わかごほう》、副乙護法《おとごほう》云々。陁羅尼衆松明《たいまつ》を進め、山籠事者の前に於いて乙護法が誓《せい》す。一秘密を持《じ》すれば、しかして修行者は衆生を生々《しょうじょう》（永遠）に加護奉仕せん。なお薄伽梵《ばがぼん》（仏）の意の如し。或る説に云う。大峯葛木十五童子云々。

一供養法は五人あり。五部灌頂《かんじょう》の阿闍梨五人を表す。

一瀧山十七礼法は一　新客法。二　山籠入法。三　新衆堂内。四　虫明。五　閼伽井《あかい》法。六通夜礼拝。七　両彼岸礼法。八　同空木《うつぎ》法。九　九日追出。十　彼岸年籠塩書。十一　同十六十七法。十二　真木引。十三　葛引。十四　夏中没理《ほり》角。十五　米打。十六　大槃洗法。十七彼岸歳（年）籠腕陁羅尼面々山入。

以上の十六度は十六大菩薩の地位を表す。経歴第十七の彼岸歳籠山入は十六大菩薩の位を経て即身成仏の義なり。

ひそかに（思うに）瀧山参籠の行者はもって三途《さんず》八難《はちなん》の業障を行として果たさずことなく、五衰無常の苦患を苦として受けざることなし。

然る間、九夏三伏《きゅうかさんぷく》の炎暑、焦熱の汗を鎮《しず》め流し、玄冬素雪《げんとうそせつ》の寒夜、殊《こと》に紅蓮《ぐれん》の氷に沈む。十進九退の難行は唯一無二の錬行なり。

ああ両旬断食の間、永く父母再会の思いを忘れ、数片の杖棰《じょうすい》の下《もと》、魂魄《こんぱく》望郷の鬼となさんことを恨む。万死に入りて一生を得し後、微細妄執の厚霧を払い、即身成仏の恵日を拝む。勤行といえども歳（年）を経ずして證《あかし》を取るは、掌《たなごころ》を返すがごとし。

唯認論《ゆいしきろん》に云う。夢を処して秊《とし》（年）を経《ふ》るというとも、悟ればすなわち須臾《しゅゆ》の間なり。ゆえに時し無量なりといえども、一刹那に在すと攝《と》る。そもそも権現、久しく松栢《しょうはく》を於いて南山の山嵐を卜《ぼく》し、あまねく四裔《しえい》（界）に　被《こうぶらしめ》、諸天は常に英渠（芙渠《ふきょ》＝蓮か）上界の露を潤《うるおし》て、遠く八挺《はっちょう》を載《の》す。

これ併せて法味を受け喰らわすの効能により、和光同塵の威力を増すものなり。これもって（安倍）清明瀧本《たきもと》の記に云う。行法に隟《げき》（隙）あらば魔人嗔《いか》（怒）りを成し、祈誓《きせい》に誠あれば天下静謐《せいひつ》なり。瀧本荒廃せば三山荒廃せん。三山衰微せば天下衰微せんと云々。意を取る。あにはからんや四界の安危は和光の掌内《しょうない》に照らし、百王の理乱《りらん》は行者の心中に懸る。しからばすなわち王者が禋祀《いんし》せば、権現は和光の咲くを含む徳として酬《むくわ》ざることなし。黎元《れいげん》が帰依《きえ》せば、飛龍は随喜の相を示し、事として成さざるなし。

観れば先ず当山を体《てい》と成し、瀑布飛び流れてもって千仞《せんじん》の粧《よそお》い、三国にその双《ならび》なし。雲窟勢い峻《けわ》しくして、もって万端の端《ずい》、末代に験《しるし》あるものか。しかのみならず、或るは妙法峯高くして釈尊応化《おうげ》の春花開き、或るは錦浦の波静かにして和光同塵の秋月澄《す》めり。几（凡《およそ》か）苺《ばい》苔《たい》の滑石《かっせき》を践《ふみ》て巖頭に至れば心は象外《しょうがい》に遊び、樛木《つがのき》の長蘿《ちょうら》を攬《らん》とて瀧上に登れば眼、雲路《くもじ》に疲るる。誠に域中の常恋を釋《すて》て、超然の高情を暢《のぶ》るものなり。

すべて祈る所は金輪《こんりん》の聖主。金輪久しく転じて大椿《だいちん》八千の影を守る。瑤図《ようず》動かずして黄河一清の色を見ん。また所行は法蘭の常客。法輪久しく転じて龍華三会《りゅうげさんえ》の暁に達し、現当二世《げんとうにせ》の願いを成せんのみ。

（以上一巻）

熊野山略記第三

【言葉】上首＝中心人物。集団の長。徳善大王＝不動明王の名。所司＝僧侶の職制のひとつ。若護法・乙護法＝童子の形で護法をなす神々を「護法童子」「護法天童」と呼んだ。若護法・乙護法はそれら童子神の名であろう。民間信仰や山伏の活動とも絡んでおり、柳田國男は「毛坊主考」の中で「護法神又は護法童子は、仏教文献中最も趣味多い民俗学的題目の一であるらしい」と述べている（『定本　柳田國男集　第九巻』筑摩書房、一九六二年）。薄伽梵＝仏の尊称、とくに釈迦のこと。インドでは仙人や貴人をさすこともある。五部灌頂＝密教の灌頂の時、五瓶《びょう》の智水を弟子の頭に灌《そそ》ぐ儀式。五部は五仏五智を表す。阿闍梨＝天台・真言宗の高僧。三途八難＝地獄・餓鬼・畜生の三悪道に長寿天（長寿をむさぼる）・辺地（享楽に明け暮れる）・盲聾瘖瘂《もうろういんあ》（無感覚で仏に気付かない）・世智弁聡《せちべんそう》（俗世智にたけて正理に従わない）・仏前仏後（仏がいない時代）を加えた八難。仏道修行の妨げになる八種の境界をさす。五衰＝（体が汚れて臭い出すなど）死の直前に現れる五つの兆し。九夏三伏＝夏の最も暑い土用の頃。玄冬素雪＝冬の極めて寒いこと。紅蓮＝八寒地獄のひとつ。そこに落ちたものは寒さで皮膚が裂けて流血し、紅色の蓮の花のようになるという。杖棰＝つえとむち。またはそれで打つこと。魂魄＝（死者の）たましい。霊魂。唯識論＝一切の物事はそれを認識する心の現れだとする考え。大乗仏教ではそれが八種類の識（八識）によって成り立っているとする。八識は六種の感覚・認識作用（眼識《げんしき》・耳識《にしき》・鼻識・舌識・身識・意識）に二種の深層に働く心（末那識《まなしき》、阿頼耶識《あらやしき》）を加えたもの。無量＝はかることができないほど大きい。四裔＝国の四方、遠い果て。八挺＝八挺櫓《はっちょうろ》（八本の櫓を持つ高速船）のことか。法味＝仏法の功徳を食物の美味にたとえた。和光同塵＝仏・菩薩が衆生を救うため、その徳や才能を隠して俗世に現れること。掌内＝心の中。理乱＝世の中が治まることと乱れること。禋祀＝浄め祀ること。黎元＝人民、庶民。応化＝仏や菩薩が姿を変えて現れること。莓苔＝こけ。象＝目に見える姿、現れる物の形。長蘿＝苔の生えた長い道。雲路＝雲がたなびく山道。高情＝気高い心、高尚な情趣。金輪＝世界の基底をなすとされる四輪の中の最上層で、金剛でできている。金輪際《こんりんざい》は金輪の最も深い所、転じて最後まで、絶対に、の意。大椿＝古代中国の伝説上の大木。人の三万二千年がその一年にあたるという。転じて人の長寿を祝って言う語。瑤図＝美しい珠をひもで通した図。法輪＝仏の教え。龍華三会＝釈迦入滅から五十六億七千万年の後、弥勒菩薩がこの世に出て龍華樹のもとで人びとを救うため開くという三回の法会。現当二世＝この世と来世。

【解説】

▼瀧山十七礼法は、私にはわからないものも多い。「真木引」「葛引」は火焚き行事である柱松に用いる真木や葛の準備か。「虫明」は堂内の燻煙と関係があるのか。「空木（ウツギ）」は初夏に白い花を咲かせる「卯《う》の花」のことか。そうだとすれば花を飾る法要と関係あるかもしれない。「九日追出」は三か月間一か所に籠る夏安居《げあんご》明けの行事（建物から

追い出す）だろうか。

▼「清明瀧本記」について。安倍清明を指すのだろうが、この文書の存在は確認できなかった。

『熊野那智山秘記』と題する古文書がある（京都大学付属図書館島田文庫蔵）。京都大学貴重資料デジタルアーカイブを見ると、同文書の中に、「清明瀧本記云」以下『熊野山略記』と同じ記述が出てくる。これはこの文書が『熊野山略記』を「那智山瀧本事」「新宮」「本宮」縁起の順に江戸時代に書写したもの（新宮、本宮縁起は省略も多い）で、「清明瀧本記」をたどる史料にはならないことがわかった。『熊野那智山秘記』には「慶安二（一六四九年）己丑《つちのとうし》暦三月吉日　那智山　惣衆徒中」という奥書がある。最後に付いている筆跡が異なる一文によれば、聖護院門跡（京都）の院家、住心院に所蔵されていた写本を、文久二年（一八六二年）にさらに写したもののようである。

◆「読み下し」の中の用語の注は、デジタル辞書類や、古田紹欽・金岡秀友・鎌田茂雄・藤井正雄監修『佛教大事典』（小学館、一九八八年）、宮家準編『修験道辞典』（東京堂出版、一九八六年）などを参照した。

第三部

『熊野山略記』翻刻

熊野那智大社蔵

（『熊野那智大社文書』第五　所収）

熊野山略記

（標題）
「熊野山本宮權現三卷書」

（後筆）
「本宮緣記（起）　青岸渡寺 尊勝院」

○前缺、

震旦《ヲ》引導人民《ヲ》、俗號候(マヽ)嶺《ノ》眞人《ト》、教法西沒之刻、迁《テ》鎮西彥山現八角水精《ト》、大法東漸之時、遊切目

松《ニ》翫《フ》那木□

神武天皇巡檢我國《ヲ》之日、感《シテ》皇太神之靈告、得神藏之寶劔《ヲ》、隨《テ》大熊之奇瑞《ニ》、祈供《ル》基(洪カ)於眞人《ト》、淨

居天化而獵《レウ》人《ト》、西方尊顯《ハレテ》而示神鏡《ト》、是併《テ》依魔王之約諾《ニ》、雖捨本地之□、勢州之神光照臨《スル》

紀州之靈跡《ニ》者歟、依之地主證誠大菩薩、增《シ》光於御熊野之夕《ノ》露《ニ》、兩所權現結早玉、分《ツ》影《ヲ》於音無河《ノ》

之曉浪《ニ》、日本第一之靈驗獨勝《リレ》余社《ニ》、濟度無雙之名譽遠流《クル》万國、盖此處爲躰、四神相應靈龜以象《テル》其山《ヲ》、五氣無虧《カクルコト》仙人則棲《スム》此地《ニ》、加之本有薩埵究竟円滿淨妙法身大日覺王、不二之理土故號《ニシ》本宮《ト》、一切衆生始成正覺受用報身弥陁如來、九品之淨刹故號《ニ》新山《ニヒノト》、東《ニ》有尼連禪河、悉陁太子浴《シテ》此水《ヲ》円滿難行《ヲ》焉、西有音無《ノ》密河、自性法身灑《ソ、ヒテ》此流《ヲ》令度衆生《ヲ》矣、兩河之間、有金剛壇、賢劫所成《ニシテ》而金輪不搖《ウコカ》、世以名伽耶《カヤ》城《ト》、此地《ノ》中央《ニ》有卑鉢羅《ヒハラ》樹、枝葉蒙蘢《トシテ》而冬夏不凋《シホマ》、人皆名菩提樹《ト》、或《ハ》此地《ヲ》號西方九品之淨域《ト》、一念稱名之輩、遂《トク》往生極樂之素懷《ヲ》、或此地稱過去七佛之正覺所《ト》、三乘修行之類逞《タクマシウス》增進佛道之得益《ヲ》、何況爲上根上智、四種法身各說三密之自樂《ヲ》、爲下根下機、三所和光鎭《ニ》成二世之求願《ヲ》、依機見之不同、有隨類之感應、嗚呼五相成身之《ノ》春花《ハ》、薰《シ》于三越嶽《ニ》焉、三密瑜伽之秋月《ハ》、朗《ナリ》于千里《ノ》濱《ニ》矣、運步《ヲ》於長途《ニ》往詣之客《ハ》、預《リ》妙法山之高恩《ニ》、傾《ル》頭《ヲ》於叢祠《ニ》常住《ノ》之族《ハ》、蒙音無河之深《キ》惠《ヲ》、或卜斷穀絕煙之栖《ヲ》、味《ヒ》純粹於密花薗《ノ》之蕚《ニ》、或臥《シテ》枕石敷苔之席《ニ》、酌《クム》法水於甘露池《ノ》之流《ニ》、觀念爲安躰之助《ト》、智行《ヲ》爲延壽之媒《ト》、鷲峯斗藪儀不可得而稱者也、惣而言之、爲賢爲愚爲行爲《シテ》學而大權垂跡、爲壽爲福爲國爲民《ニシテ》而和光同塵、然則一々表示各々奇特欲說、悱々《ヒ、》憤々《フン》、欲語涙先《テ》于言而落《ツ》、擧《ク》其一隅《ヲ》誰不叩三端《ヲ》、

抑金峯山者、依爲胎金兩部之一界、所注加于此記《ニ》也、觀《レハ》夫厥《ノ》地《ヲ》稱金峯山《ト》、緬《ハルカニ》期《ス》龍華之下生《ヲ》、斯《ノ》處《ニ》有笙《ノ》岩屋、還編《テサミス》鷲嶺於西域《ニ》、拜八大童子之威光《ヲ》、仰三十八神之垂跡《ヲ》、爰以役優婆塞練行之路、靑巖《ノ》之勢《ヒ》、揷《ミ》雲《ニ》藏王權現利生之庭、朱楹《エイ》之構《カマヘ》耀日、勝絕無限觀遊且千《チ、ハカリナリ》、況又深禪夜

閑《ニシテ》、猿吟《ルシ》長松之月《ニ》矣、苦行秋闌鹿鳴小篠《サヽノ》之露、勘録才拙《シテ》讃揚詞短《シ》、只勘《テ》代々之記文《ヲ》、窺《ウカヽフ》家々之祕傳《ヲ》、博覧《クミ》深索《クサクテ》殺青《サツセイ》立《タチトコロニ》終《ヲハル》、勒《シテ》爲二十卷、命《ナツケテ》號《スト》熊野山略記《ト》云爾、

熊野山略記巻第一　類聚諸記

本宮

縁起云、證誠大菩薩家津美《イエツミノ》尊者、本地無量壽佛垂跡也、誓曰、我捨《テ》、摩竭陁國分段修善砌《ノ》、影向大日本國紀州無漏郡《ニ》、利益一切衆生成就二世悉地《ヲ》、故令參詣《ニハ》致祈念、即除貧苦《ヲ》令得富樂《ヲ》、然後暫送《クテ》垂迹之本國《ニ》、生貴家《ニ》令飛花軒《ヲ》、終《ニ》迎本地之淨土《ニ》遊宮殿令坐蓮臺、文

西御前　結宮者、本地千手千眼觀自在尊垂跡也、誓曰、勸請《シ》於我詣《ヲ》我山者、付《テ》金剛童子《ヲ》鎭《ニ》致擁護、退天魔外道《ヲ》永令離怖畏《ヲ》、然後結我髮《ワカカミト》与衆生髮《ノカミトヲ》、暫令受《ク》天竺之生《ヲ》、結《テ》我手与《テトトヲ》衆生手《ノ》引導於極樂、文

中權現早玉宮《ノ》者、本地藥師如來垂跡也、誓曰、以左手早玉藥《ノ》灑《ヲソヽキ》我後《ウシロノ》之密河《ノニ》、渡《ワタリ》其流《ヲ》浴彼水《ノヲ》之人、忽《ニ》除衆病《ヲ》永斷《ク》煩惱、加之跪《テ》三所之寶前《ニ》、白弊《キヘイヲ》當額《テ》祈《ハ》二世之悉地《ヲ》、素願皆成《セン》、文

熊野三所權現垂迹事　付五躰王子　四所明神

權現者、淨飯大王、弟白飯王、子四各王、第二《ノ》女無父自天差《シテ》光於胎內、懷妊誕生、號慈悲大
顯王《ト》但有異說、未弁邪正、
結宮早玉宮者、母雅顯長者嫡女、父慈悲大顯王也、一書緣起云、慈悲大王者甘露飯王第二子是也云々、
若女一王子、兒宮、子守宮者、母結宮、父甘露飯王第二子、或本云、號慈悲大顯王云々、可用比說歟云々、
禪師宮、聖宮者僧形也、母長寬長者女、早玉子也、
勸請十五所者、雅顯長者、
一万十万者、勸請十五所《ノ》右方上、一万眷屬、下十万金剛童子也、
飛行夜叉（叉）、米持金剛童子者、勸請十五所左方守護神也、參詣衆生爲令守護也云々、
一本緣起云、
熊野權現者、自天降中天竺摩竭陁國、名慈悲大顯王、又曰家津美尊、金峯山金剛藏王者、中天
竺波羅奈國金輪聖王末孫、名率渴大王、又曰金剛藏王、卜《テ》鷲峯檀德兩山麓《ノヲ》、令守護佛法王法《ヲ》給、
爰慈悲大顯王、結宮、早玉宮乃至一万十万眷屬爲化他國衆生《ヲ》、以雅顯長者《ヲ》爲使白《シテ》
天照大神言《ニク》、我《ハ》是慈悲大顯王金剛藏王《ノ》使者也、說《テ》權現藏王本因緣《ヲ》、爲護王法及一切衆生《ヲ》、
來此土賜住《セント》紀州無漏郡・和州吉野靈地《ヲ》云々、
天照大神言、於我者免与《ス》彼靈地、但應奏秋津嶋人民之頭
神武天皇云々、依之雅顯長者詣對神武天皇《ニ》乞奏靈地《ヲ》、卽如上免与畢、仍

神武天皇五十八年戊午冬十二月晦夜半、依雅顯長者之勸請、三所權現紀伊國無漏郡備里大峯入口、備前楠《ソナヘサキクスノキ》三本抄（梢）仁、三面月輪登令顯現給、

祕々云、法俗女三躰鏡面顯、非畫非造如影云々、

一所　證誠大菩薩、家津美尊、僧形、

一所　西御前結宮、女躰、

一所　中御前早玉宮、俗躰、雅顯長者備供具、一七ケ日奉仕、同五十九年己未正月八日、雅顯長者出備前、通大峯斗藪於鷲峯檀德之兩峯、是巡峯始、晦山臥根元也、藏王權現者、与熊野權現同日同時依雅顯長者之勸請、涌出于吉野郡金峯山之間、雅顯長者同四月八日、令出峯、捧石南草之花奉供藏王權現、是金峯山安居濫觴也、

縁起云、雅顯長者、正月八日參詣涌出嶽云々、不審、

同戊午歳冬十二月晦夜半、摩竭陁國正覺山菩提樹下、金剛壇飛來二河之間、一本縁起云、孝安天皇、御宇菩提樹下、金剛壇飛來二河之間云々、

二河者東流、號熊野河、又號尼連禪河、

西流號音無河、又號密河、

二河間嶋於號新《ニヒノ》山、靈龜以象其山、依之稱蓬萊嶋、離備前七十二丈也、

熊野權現御垂迹縁起、號根本縁起、

往昔甲寅年、唐天台山王子晉舊跡遷御、

次日本國鎮西彦山峯天下給、其形躰八角水精、石高三尺六寸、
次經四ケ年戊午年、伊与國石鋏《ツチ》峯渡給、
次經六年甲子才、淡路國遊鶴羽峯渡御、
次經六ケ年庚午才三月廿三日、紀伊國無漏郡切目山西海北岸玉那木淵上、松《ノ》木本渡御、
次六十年過庚午年三月廿三日、熊野新宮南神倉峯降御、
次六十年過庚午才、新宮東阿須賀社北、石淵谷勸請靜奉ル、始《テ》結早玉家津美御子《ト》申、一宇社是
也、
次十三年過天壬午、本宮大湯原一位木三本末三枚月ノ形ニテ天下給フ、
次經八《ケ》年庚寅才、石田河南、河內住人熊野部千与兼《ト》云犬飼、猪長一丈五尺《ナルヲ》射《テ》追跡《ヲ》、尋上《ノホリテ》行《ク》石田河《ヲ》、大湯原行《テ》見《レハ》、件猪《ノ》一位木本《ニ》死伏《セリ》、完《シヽヲ》取《テ》食《フテ》件木本經《ニテ》一宿《ヲ》木《ノ》末《ヲ》見《ルニ》、三面月輪懸《レリ》、問申《サク》、何《ナル》月《ニテ》御《セハ》虚空《ヲ》離《テ》抄《ニハ》(梢)御座《スソト》申《スニ》、月答仰曰、我《ラハ》熊野三所權現《ト》申也、一社《ヲハ》證誠大井《ト》申、今二面《ノ》月《ヲハ》兩所權現《トナム》申《スト》仰《セ》給《ヲ》、三本木本《ニ》柴寶殿《ヲ》造《テ》奉入之、則造一宇住宅送數日、爰修行者僧、石田河本宅宿《ニス》、犬飼妻《ニ》問云、家主《ヲハ》誰《トカ》申、答云、我夫此河內一丈五尺猪《ヲ》射《テ》即追出《テ》後、此日來不返例、猪《ニモ》不似大ナレハ定猪被食死歟《ト》云時、僧其女《ヲ》語《ヒテ》誘相宿、經數日件犬飼來《レリ》、日來不審《ヲ》相問、爰犬飼僧《ニ》語云、熊野權現降下御《ヘリ》、由來《ヲ》委語《ル》、此僧聞之、犬飼《ヲ》爲前《サキト》本宮三社《ニ》參詣《シム》始、紀伊國人々披露、件僧《ハ》禪洞上人是也已上、

孝照天皇十七年壬午大宇原櫟《イチイ》木三本《ノ》抄《ニ》、三面月輪顯給云々、同廿五年庚寅、石田河住人、熊野《クマノ》部《ヘノ》千《チ》与《ヨ》兼《カヌ》射一丈七尺之大猪《ヲ》、追其跡《ヲ》、三ケ日至音無河之邊《ニ》見大猪之死伏《ヲ》、取彼完《ヲ》食《ス》、經一宿之處、一卑《ヒ》鉢《ハ》羅《ラ》樹之上顯三光之月輪、勅曰、我號結早玉家津美尊《ト》也、千与兼奉勅折《テ》靈卉《ヲ》結三神籬《ヲ》、普《ク》告遐邇《ニ》遠《ク》弘《ム》瑞祥、今三日《ノ》道者千与兼《カ》行路也、

同御代十二所權現乘御船《ニ》紀伊國藤代《ニ》着岸、楠上七十日御坐、依之今十二所權現藤代御座、其後

孝安天皇御代、權現垂《乘シテ》船切目浦《ニ》着岸、經一夜出立浦《ニ》着岸、自出立浦捨《テ》、船此船今者號御船嶋及末代机(マヽ)桂破損着稻葉根一夜、次瀧尻一夜、次發心門一夜、其次本宮蓬萊嶋新山於楠木五本《ノ》木《ノ》上《ニ》、十二所如藤代影向、

自西一番一本ニハ兩所權現結早玉、自西二番木一本證誠大菩薩　自西三番木一本若王子　自西四番木ニハ一本殘四所王子　自西五番木一本《ニハ》四所明神影向御々、其下造立社壇、當時造宮同之、

一本緣起云、孝安天皇御時、自備前當丑方隔河離七十二丈、新山自中天竺飛來有五本木、此抄仁十二所令影向給云々、

公家家々記錄云、崇神天皇御宇、熊野本宮始、景行天皇御宇、熊野新宮始云々、爰以或記云、崇神天皇營新祠於千葉《ニ》、傳洪基於百王、敬神之道自此而起、福田之種於《ニシテ》是而來云々、又云天皇熊野山臨幸之時、本宮大厦之構既成云々、可知、

御在所錄起云、
正覺山菩提樹下者、新山是也、受伽耶《カヤ》城《ノ》之風貯《タクハウ》成正覺山之軌《ヲ》、正門闢《ヒラケテ》東《ニ》對尼連禪河、禮殿向南成龍魚潜宅《ヲ》、腋門立西接陁（マヽ）險固峯、壖門在北、受正覺山之粧《ヲ》、西域記云、摩訶陁國鉢羅笈《ハラシ》菩提山、唐言前正覺山、西南行十四五里至菩提樹、正門東ニ闢對尼連禪河云々、緣起文同、西域記明文ノ炳焉也、中有卑鉢樹、枝葉蒙籠《トシテ》而冬夏不凋《シホマ》、下《ニ》有金剛壇、賢劫所成而《ニシテ》金輪不搖、彼中天菩提樹垣周《カキヲメクリ》五百余歩、東西長《ハク》南北狹《ハシ》、過去千佛於是成正覺、此本朝卑鉢樹《ノ》垣周五百餘歩、東西《ハ》長南北狹《シ》、垂跡兩所於是利衆生、大聖善巧不可思議者歟、几尼連禪河左《ニ》流《レ》、音無密河右《ニ》流《ル》、顯密兼備之佳境、胎金不二之妙地云々、

崇神天皇御宇、被造進本宮寶殿廻廊次第

烏圖此差圖者、天皇依御祈誓、烏食《クハヘテ》差圖落ス、依之、本宮差圖ヲハ號烏圖云々、

證誠殿七尺間　兩所寶殿三間二面七尺間

若宮殿六尺五寸間　禪師　聖　兒　子守六尺間四間

一万十万勸請十五所、飛行夜叉（叉）、米持金剛童子宮五尺五寸間四間

禮殿八尺五寸間七間四面　證誠殿前廊　證誠殿後廊八尺間七間　同廊七間此內御正躰安置間、三間、此中間奉納緣起、

助音興造時

三昧僧宿所二間七間　命子舞殿二間七間

西門脇七尺間五間　經所　四方　其外平垣、已上永長丙子堀河院御代燒失、以前者如記錄、
檢校修理別當快實非二山別當堪增孫、別人也奉造宮、增寶殿、增禮殿、增長床、增四面廊、始自寛治四年堀河院御代庚午正月十六日至
于大治二年崇德院御代丁未三十九年之間造營之、

本緣起云、神武皇帝五十八年十二月晦夜半、權現備前影向、同夜半離備前七十二丈、蓬萊新
山自中天竺來、孝安天皇御時、於五本木顯十二所、孝照天皇時、乘船藤代顯、十二所居楠上
經七十日畢云々、當時以此記可爲正

一本宮晦山臥事

記云、聖武天皇御宇天平寶字二年戊戌、梵僧婆羅門僧正号菩提、參詣金剛山《ニ》之刻、熊野權現家津美尊・葛
木神・法喜菩薩告僧正《ニ》曰、日本第一大靈驗所根本熊野三所權現者、開元世祖主、伊弉諾伊弉
册尊也、日本第一宗桃(祧カ)伊勢大神宮者、天照大神、日神尊是也、父子芳契依不淺、每年十二月
廿七日・廿八日・廿九日三ヶ日夜、於紀州無漏郡熊野山備里水天山《ノ》巓《ニ》、權現与天照大神有御
對面今號對面嶽、自神武天皇五十八年戊午至于當代無懈者也、然爲彼本迹、行者於欲令入大峯云々、僧
正承神勅以觀久筑前禪師《ヲ》、始而遂《トク》入峯《ヲ》、是晦山臥濫觴也、其後唐僧招提寺鑑眞和尚、醍醐寺
聖寶僧正、道命阿闍梨法花經以聲明讀始、今能讀祖師也、等各遂其節乎(畢)云々、波羅門僧正御同行十人、其內五人晦山臥勤仕之、一筑前禪師觀久君、二觀藝入寺、三法隆寺珎曉入寺、四東大寺執行五師淨寬君、五法隆寺入寺禪師尊纈、

一本宮安居一百ヶ日供花事　自四月八日至于七月十四日
記云、熊野山安居之供花者、閻浮提第一之勤行也、數千客僧採花汲水之役、積功一百ヶ日、
轉經誦咒之勞累德者哉、
白河院御代、供花因緣有御沙汰之次、引經文云、供花有十種功德、一供花砌、諸天常降臨梵
王帝尺加擁護、二國王大臣常致恭敬、三杵寶珠得大自在宛如大弁功德天、四眷屬甚多、五一
切人等致恭敬、六不相飢饉、七不相遇刀兵、八爲魔不被侵惱、九父母得富貴、十無法國不
生云々、

一熊野山諸家勘文

（以上一巻）

（後筆）「新宮縁記　青岸渡寺尊勝院」

熊野山略記巻第二　類聚諸記

新宮

夫熊野權現者、伊弉諾《イサナキ》伊弉冊《ナミ》尊《ミコトノ》垂跡、伊舍那《ナ》大自在天ノ應作也、神武聖代始《ニテ》顯《ハレ》紀州尔景行寶曆重《ニテ》嚴《イツクシウス》宮城《ヲ》、昊《ミ》是天高晴《クテ》瑠璃含《ミ》寶月《ヲ》、瞻蔔《セムフク》早薰《シテ》栴檀交《マシウ》香風《ヲ》、靈異照章《シテ》、神光燭曜《テリカヽヤク》《ス》（追記）「耀」矣、

縁起云、

地神五代鸕鷀草葺不合尊《ウノハカヤフキアワセスノ》第四子人王第一神日本《カミヤマト》磐余彦《イハハレヒコノ》天皇御宇卅一年辛卯、天皇乘《テ》天《ノ》磐《イハ》船《ニ》巡《メクリ》秋津嶋《ヲ》、於紀州之南郊《ニ》拜《ス》大熊之奇瑞《ヲ》、感《カムシテ》神明之靈夢《ヲ》得《タリ》神藏之寶劒《ヲ》、熊野《ノ》稱号始《マレリ》此時《ニ》矣、

傳云、天皇依靈夢開寶庫《コヲ》、忽板《ニイタノ》上《ニ》寶劒立《ツ》、即權現御《ノ》躰也云々、

天皇得寶劒《ヲ》伏《シ》州中《ノ》邪神《ヲ》、安《シ》六合弘《ム》大業《ヲ》、其後權現課《テ》神足《ヲ》於仙龍、垂《タル》神居於紫徽（微）《ニ》、今新宮是也、自其以降松柏之《ノ》栖《スミカ》、日　暖《アタヽカニシテ》　兮鎮護國家之《ノ》明德無　變《ヘムスルコト》、粉（枌）楡《フムニノ》之風　馥《カウハシウシテ》　兮濟度利生之靈威倍《マス〱》新《ナリ》、運歩貴賤、水月之感《カム》無隔《ヘタテ》、係《カクル》念《ヲ》親疎、鏡谷之響《ヒヽキ》易達《タツシ》、誠《ニ》日本第・之靈神伊勢

同躰之宗廟也、因茲伊弉諾伊弉册《ノ》兩神《ヲ》稱結早玉《ト》、伊勢外宮《ヲ》號證誠大菩薩《ト》、以內宮《ヲ》號若女一王子《ト》、卽於四所宮殿《ニ》置千木鰹木《ヲ》、尤其謂者歟、

一新宮影向次第

神武天皇第十年庚午、始巡秋津嶋、異說、

同三十一年辛卯、於紀州之南郊大熊希瑞顯現、

同四十八年戊申、天皇得神倉之寶劔《ヲ》、伏馬臺邪神《ヲ》、宝劔号暗雲之劔、

安寧天皇十八年庚午、新宮神倉垂跡、切目六十年御座後座、

孝照天皇五年庚午、新宮京阿須賀社北、石淵幾禰谷奉造立一宇社壇、勸請三所權現、

同御宇卄三年戊子、於下熊野現大熊、於神藏現三面月輪《ト》、是与《ト》裸形上人《ト》造神殿《ヲ》、

同卄九年甲午、九月十五・十六兩日、新宮乙暮河原仁貴男貴女《ト》顯給、伊弉諾伊弉册靈魂云々、

同五十三年戊午、裸形上人於岩基隈《モトコシノ》北新山《ニ》、奉崇三所權現《ヲ》、是號新宮、

孝安四十八年丙子、熊野新宮燒失、三所神鏡飛出懸榎、其後假殿御遷宮《ノ》時、又人不奉懸手飛入給云々、

景行天皇御宇五十八年戊辰、新宮致大厦之締構、社壇倍間廻廊盡美、仍官外記《ニ》云、景行天皇御宇新宮始云々、

日本舊事本記云、

伊弉册尊《ノ》生《ウム》火神《ヲ》時、被《レテ》灼《ヤカ》而神退《タイ》去《マス》矣、故葬《ニハウフル》於紀伊國熊野之有馬村《ノ》焉《ニ》、土俗祭此神之魂者、花《ノ》時《ハ》亦以花祭《リ》、又用鼓《ツヽミ》吹《フエ》幡《ハタ》旗歌《カ》舞《フヲ》而祭《ルト云》矣、裏云、注云、熊野權現垂迹始自是矣云々、

同記云、伊弉諾尊親見《ク》泉國《ヨミノクニヲ》曰、是不祥也、泉門《ヨミチノカトヲ》塞《フサクヘシトテ》之大神《ヲ》被置之、号泉道守《ヨミチモリノ》大神《ト》云々、傳云、此神在《ス》熊野山、依之參詣之客更無横死云々、

縁起云

神藏權現者、

孝照天皇御宇二十三年戊子、獵師是世於《テ》新宮熊野楠《クス》山《ニ》、見一丈二尺之大熊三頭走《ルヲ》、欲射之追《テ》行《ク》、此熊至《テ》西北之巖上《ニ》、忽《ニ》現三面神鏡《ト》、神靈巍々《タリ》、光明照曜《ス》、是世仰信之餘折《リ》捨《テヽ》弓箭《ヲ》無懈《リ》、裸形上人出來《シテ》於三面鏡上、造覆《フ》一宇神殿《ヲ》、勤行三十一年、自戊子歳至戊午歳《ニ》、今神藏權現是也、裸形上人勤行之隙仁、向南海船《ノ》乞《ニ》飲食、隨乞施《テ》之《ス》、或一石或二石三石、隨有負《ヲヒニナウコト》荷自在也、几懸平《ヘイ》足駄行《コト》海上如陸地《ヲ》矣、或時南蠻《ハムノエヒス》江賓主乘船來《ル》、曾惡風被打損《ニ》於船、七人夷《エヒスノ》内三人儲《ハ》船還《ル》本國畢、殘四人留《ルコヽニ》此、裸形上人乞物養育《ス》四人夷《ヲ》、船不寄無乞物之時、四人《ハ》夷取魚、備權現供具施上人矣、彼夷子孫繁昌《シテ》成新宮氏人、彼上人者如意輪觀音化身也、獵師是世者前生者熊也、今者阿須賀大行事是也、

一本縁起云、

新宮權現者、

孝照天皇五十三年戊午歳、裸形上人於岩《或岩崎》基隈北新山、奉崇三所權現、是號新宮、其地爲躰

新山者當御在所是也、新宮上ノ辻ヲハ號兒峯云々、山頭顯大熊之瑞《ヲ》、社邊有靈龜之相《サウ》、左靑龍右白虎、前朱雀後玄武、四神相應之靈地、兩所垂迹《ノ》實地矣云々、又裸形上人自《ラ》垂《レ》釣在所、今《ハ》號釣坂《ツリサカト》俗名土坂《トサカ》、又有大虵《ハ》、岡輪山《ハ》彼身也、飛鳥方《ヲ》爲頭千束爲尾、飛鳥《ノ》山《ハ》如意寶珠也、白狐于今在之、又有蓬萊嶋、有靈龜、有生身九頭龍、新宮湊《ミナトニ》有之、高野《カウヤ》（州カ）坂《サカノ》下《ニ》住《スル》時者、彼海深《シテ》而坂《ノ》下人不往來、宇殿《ニ》往《スル》時《ハ》者、高州《カウヤ》坂本《サカモト》遙《ニ》成濱往來《ス》、巖重奇特也、蓬萊嶋者、龜甲《ト》云所有二所、一所《ハ》御前芝頭高芝、也、一所高山《ノ》ツ、キノ上ノ山《ヲ》云龜山、卽蓬萊嶋是也、

新宮緣起云、

伊弉册尊、產日神月神蛭子素盞尊之後、於紀州有間村《ムラ》新宮、東、產田《ウメタノ》宮產《ニウム》火神之時、忽《ニ》被燒隱《カクレ》給《ヘリ》、其靈魂在大般涅槃岩屋《ニ》、今現《ニ》在其跡哉、仍孝照天皇廿九年甲午九月十五・十六兩日、影向之給《シ》、貴男貴女者彼靈魂也、因茲產田宮《ノ》祭禮《ニ》、大般涅槃岩屋俗大般若、號石屋、引七五三《シメヲ》云々、新宮御祭《ニハ》、備宗廟《ノ》禮奠《テムヲ》、至當代任先例、點《シテ》影向之日《ヲ》、九月十五日中御前早玉《ヲ》先《ツ》御輿《ニ》奉乘《テ》、又葦毛《ノ》馬安《ニヲイテ》唐鞍、馬《ノ》左右口《ニ》付百支繩《ツナヲ》、其繩《ツナニ》別當權別當禰宜祝《ハウリ》、新宮那智諸《ノ》人、幷參詣之道者別當《ノ》妻室等、衣《キヌ》袖違《ヲタカヘ》被《カフリテ》左右《ノ》繩《ニトリ》取付《テ》、出御熊野河端《ノハタニ》、奉移御輿於新造御船、廻御船嶋事三度、畢《テ》奉舁居《カキスヘ》神輿《ヲ》於嶋上《ニ》、禰宜等五尺《ノ》榑《マナイタノ》上《ニ》、三尺《ノ》魚《ヲ》切盛《キリモリテ》、奉備權現御供《ニ》、禰宜六人祝六人、御殘《ナウライ》位《ヲ》食《シテ》廻《ル》彼嶋《ヲ》事三度、畢《テ》水《ヲ》奉灑《ソ、キ》御輿、又禰宜祝等灑《浴イ》之後、自御寶殿正面令還御給、次西御前《ハ》九月十六日奉乘御輿之後、輿《ノ》四方《ニ》付四脈《ノ》繩《ヲ》、

熊野別當幷禰宜等皆付《ク》繩《ニ》、昔任裸形聖人先《ハサキヲカキ》昇、夷《エヒスハ》後昇《ヲカク》之例《ニ》、一《ノ》禰宜先《ハサキヲカキ》昇、二禰宜後《ハ》昇《ヲカク》、六人禰宜奉昇《カキ》、自後愛《ノアイソノ》所山出御于熊野河端《ニ》、於新造船奉移御輿《ヲ》、廻御船嶋事《ヲ》三度也、奉昇《カキ》居《ヘ》御輿於嶋上《ニ》之後、

孝照天皇万歳樂云《ト》、又乘《テ》御船《ニ》三度廻《テヲ》嶋還御、還入《リ》之時《ハ》愛所山自後戸令入寶殿給也、次證誠權現御寶前《ニハ》 備精進御供《ヲ》也、十一月五日、證誠權現備精進御供《ヲ》、兩所備魚類《ノ》御供《ヲ》、

孝照天皇万歳樂唱歌如前、

同御宇五十三年戊午、裸形上人於岩基隈北新《イハモトコシノキタノニヒノ》御山或本云岩崎、本元、イ本在之 奉崇十二所權現《ヲ》或本三、所權現、是號新宮《ト》、垂迹始權現垂龍蹄、新宮鶴原大高《タツヲホタカノ》 明神前《ノ》、十二本榎《エノキノ》本降臨《ニ》、先千《チ》尾《ヲノ》峯《ニ》立《テ》以奉幣司《ヲ》被召權現氏人《ヲ》氏人者於天竺御座時、有官人千与定ト云者、其子嫡子雅顯長者、次男裸形上人、三男長寛長者、其子比平符將軍、其子漢司符將軍、其弟奉幣司等也、則漢司符將軍自唐先被遣日本畢、嫡子眞俊忝《ツ》先奉勸請權現於榎本依之賜、榎本姓、二男基成進猪子二白圓餅依之賜、丸子姓、三男基行爲御馬草進稻依之賜、穗積姓ヲ、此三人於如次號、榎本宇井黨鈴木黨、三人令給仕、

桓武天皇御宇、熊野山蜂起 南蠻併成亂、仍榎本宇井鈴木輩擬令征伐《セ》、于時榎本氏嫡々爲比叡山《ノ》衆徒號眞繼律師《ト》、被召彼律師擬《キス》大將軍、眞繼辭申之處、其夜半有夢想之告、鬢髮長生《クヲフ》不及力、以三條大納言有遠《ヲ》爲父元服、爲僧綱上者、可爲參議之旨被勅許之間、不政(改カ)文字《ヲ》號宰相榎本眞繼《マツクト》、

嵯峨天皇弘仁元年庚寅二月廿八日、眞繼赤幡面仁奉顯白金剛童子、眞白云、錦浦發向、宇井那智濱宮也、

嫡々兼純《カネスミノ》判官、黒幡面顯《ニ》赤金剛童子、自紀州日高郡發向山內、鈴木黨《ノ》嫡々眞勝《マカツノ》判官、白幡面顯黄金剛童子、自勢州鳥羽浦發向《ス》、南蠻在所者、那智与新宮間、佐野《サノ》秋津濱《アキツハマ》、佐野前孔子《ノマヘクシ》嶋、愛須《アイス》禮意・惡事高丸之城幷有間三鬼嶋《アリマノミキシマ》、九鬼嶋《クキシマ》以下所々也、自三方被責之、大將禮意孔子二人者被打、彼墓所香州坂《カウヤサカノ》上《ニ》在之、高丸落《ハテ》向東國、爲坂上田村丸被征伐云々、其後熊野令靜謐、遠近悉令參詣者也、奉崇敬權現、氏人

系圖　役行者々雅顯長者再誕

千与定（三公位田大臣）
- 嫡子雅顯長者（今号勸請十五所）——嫡女（證誠大菩薩、慈悲大顯王后、結早玉兩所母后）
- 裸形上人（新宮那智建立上人）
- 長寛長者（慈悲大王御倉預、於吾朝者號稻荷大明神、新宮飛鳥大行事是也、）
  - 嫡女（早玉后、禪師聖母）
  - 次男 是与（神倉權現勸請神也、緣起相傳之、或云、禮殿主本地弥勒菩薩云々、）
  - 三男 比平符將軍（於鎭西彦山者號上津河、）
    - 嫡子 漢司符將軍（毘沙門）
      - 不動 眞俊——○眞繼（宰相）
      - 大日 基成——○兼純（宇井判官）
      - 基行——○眞勝（鈴木判官）
      - 此神三狐神爲妻、其子三人此一腹也、於鎭西彦山者、號下津尾大明神、於熊野者號牛鼻大明神、本宮新宮共崇之、
    - 二男 奉幣司
- 四男 千与兼（號正三位、本地大日如來）——千与高——千与基——高与兼——基兼——重兼——爲兼——定兼
- 五男 千与明（號正三位、號香壽菩薩）——御前 今堤（曩兩人父、今號本宮三昧僧先祖、尾崎者住所名也、）

新宮四家侍者　榎本氏有間庄司　宇井　鈴木（已上三人號三家、）　漢司符將軍子息三人末孫也、

又一家　宮主氏新宮祢宜是也、　千与兼末孫也、　三家爾加宮主氏、號新宮四家侍矣、

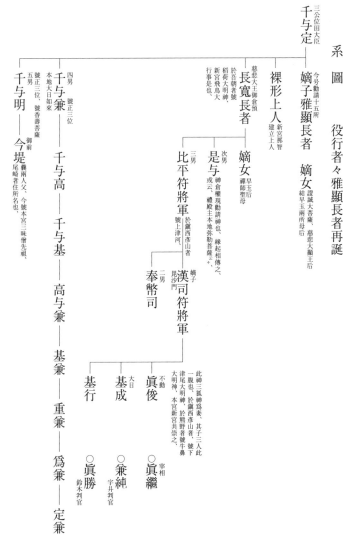

一権現西天御系圖

師子類王父曰瞿盧羅王、〻〻〻〻父曰尼休羅王住迦毘羅國

〻〻〻〻又曰、瞿頭羅劫初中天竺輪王、名田主王、自其八万四千二百六代ヲ曰瞿頭羅王

師子類王

淨飯王

悉陁太子──羅喉羅尊者

難陁太子號尊陁羅難陁尊者

白飯王──四各王尺迦請無之──第二女

慈悲大顯王甘呂飯王第二王子 此三人父 自天差光生、或云無父生云々、

結宮女 母雅顯長者

若女一王子女

嫡女

兒宮男

子守

早玉男 母同

禪師宮

聖宮

解飯王

提婆達多

阿難尊者

甘露飯王彼女子ハ甘露美女歟、──第二王子

若女一王子母結宮三人同

兒宮

子守宮

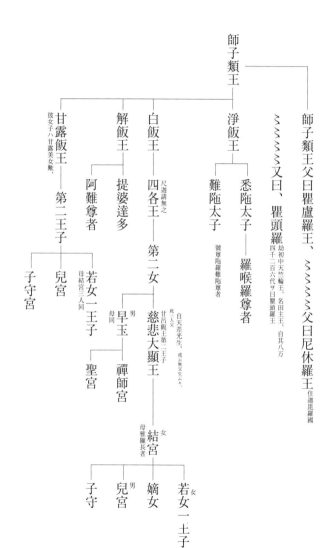

一豊受皇大神宮外宮　爲月神由事

伊勢或記云、昔天照大神誨倭姫命《ヤマトヒメノミコト》曰、神風伊勢國者、卽常世之《トコヨノ》浪重浪歸國也《ナミシキナミヨスルクニナリ》、傍國可怜國也、欲居是國、因茲天照大神者、五十鈴之河上垂跡、豊受大神者山田原之岩根卜宮、爲日爲月、永懸而不落、一陽一陰常在而難窮、一天之尊崇卓礫(躒)餘處、四海之潤澤《タク》成自此國云々、

或云、外宮者國常立尊也云々、所詮證誠大菩薩者外宮同躰也、

一天照大神豊受皇大神宮与熊野山、依爲同躰之神、垂迹奇瑞一致也、

於伊勢者顯朝熊峯　於紀州者示熊野山

於伊勢者顯寶劒　於紀州者示神劒

於伊勢者現鏡宮　於紀州者現月輪

顯熊野鏡顯神現劒、共以同躰垂迹也、誰貽狐疑哉、於伊勢者、依魔王約諾之誓旨、百王鎭護爲正、濟度利生《ヲ》爲傍、於熊野者任開元世祖之《ソノ》本願、濟度利生《ヲ》爲正、百王鎭護相並《アヒナラフ》者也、然則新宮《ハ》爲《シテ》伊勢同躰之宗廟《ト》、千木鰹《カツヲ》木《キ》呈《アラハス》其相《ヲ》、本宮爲《シテ》神明超然之靈社《ト》、難行苦行顯其實《ヲ》、爰以、伊勢號日本第一宗桃(祧カ)神明《ト》、熊野稱日本第一靈驗所《ト》、兩神依爲同躰、日本第一之號《ハ》雖全同《ナリト》、眞應依有差異、大靈驗之名令超過者歟、所以不烈〔列〕於扶桑廿一社《ニ》、闕《カク》載《コトハ》於日本神名帳《ニ》者、豈非《ニ》以《スヤ》其垂迹卓礫《シ》餘社《ニ》、其《ノ》靈驗超過宗廟《ニ》哉、

一新宮本地垂迹御名祕所靈跡事

景行天皇御宇、興造次第大廈締構也、十三神殿自西始之、一西御前、二中御前、三證誠殿、四番若殿已上四殿各々也、皆置千木鰹木、崇廟神也、　五番禪師　聖　兒　子守四所王子、一殿造之、　六番一万十万、勧請十五所、飛行夜叉、米持金剛童子五所神殿ヲ一殿五間ニ奉居之、本宮者一万十万一所御座、新宮者一万十万各別御座也、
後御社三間　伊勢・住吉・出雲大社三所御座、神藏権現是世勧請、一所三面月輪号三所権現、一所神劒本地不動　愛染
大日如來聖觀音　阿弥陀如來
神藏靈崛者、神劒在所ナリ、八葉蓮臺卽神庫ノ上也、蓮臺上有池、々廣有習中尊大日如來、池頭有一丈二尺熊幷(咫カ)八尺靈烏、池側有生身不動待慈氏出世、有常燈、八葉下有崛、寶劒在此中、愛染明王垂迹也、愛染者愛菩薩、十六菩薩内也、或記云、愛染明王垂迹者、焔魔天也、可祕々々、坂口有ニ二リ石、號宿願成就石室ト、
飛鳥大行事、大宮長寛長者、(頭註)「飛鳥三所者、長寛長者大威德、比平符・漢司符三所也、」本地大威德也、神藏権現本地不動明王、祈誓事爲難義時、飛鳥大威德仁令祈禱忽成就ス、仍五壇供養法之時、不動ヲ爲中臺、大威德ヲ爲邊壇賞之、此故神藏參籠千日之後、飛鳥參籠千日勤行之仁、無不成宿願云々、下熊野西北山ヲ号岡山、濱王子上ヲハ号廣津野《ヒロツノ》、
天岩戸《アマノイハト》天照大神隱高間原給シ御在所也、俗号天山戸《アマノヤマト》、自空中落來山云々、飛瀧權現摩多羅神御座、天照大神御躰岩屋在之、崛中有祕水、夏冬無增減、
牛鼻大明神不動毘沙門　屋倉明神　榎本大明神　御船嶋大明神　比平符漢司符兩將軍
飛鳥中社伊勢　住吉　出雲大社　同東社

三狐神　榎本　宇井　鈴木母也、

一新宮御殿奉納假名書縁起云、

熊野權現垂迹縁起事

自功(切)利天降天竺、顯迦毗羅國、號慈悲大顯大王、雖一百餘歳利益衆生境《ニ》アマネシ、出王宮甲寅歳正月元日、迁唐天台山王子晉舊跡、奉行三百八十人、仙人其後日本國鎭西彦山渡給、其形躰八角水精、石高三尺六寸、天下給經四ヶ年、

神武御時戊午五月五日、伊与国鉐鎚峯渡給、經六ケ年甲子歳十二月晦日、淡路國遊鶴羽峯渡給、經六ケ年庚午歳三月廿三日、紀伊國無漏郡切目山西海北峯玉那木淵上松木三本渡給、六十年又庚午歳三月廿三日、熊野新宮南神藏峯顯《テ》八尺劒軍《ケムサキト》魔鎭《ヲシツメ》給、經六十年又庚午歳十二月晦日、依天告《ニ》、新宮之東阿須賀之社北石淵谷奉勸請靜《シメ》、結早玉家津美尊申《ニ》于宇社也、次十三年過壬午歳七月七日、本宮大宇原櫟木《イチイノ》三本木末、三面月輪天降給、經八ケ年庚寅年、石田河南內住人熊野部千与包云犬飼、猪《ノ》長《ヤ(マヽ)》一丈七尺或五尺《ナルヲ》射《ル》、跡《ヲ》尋《ネテ》追石田河上《ヲ》行、大猪跡《ヲ》尋《テ》大宇原《ニ》行《ク》、件猪櫟木下死伏《シフス》、完《シヽヲ》取《テ》食《ス》、件木本《ニ》一宿《ヲ》經《タリ》、木末《ヲ》見《ルニ》三本抄(梢)《ニ》月形見給、千与兼三《ノ》月《ニ》申様、何《ナル》御月《ナレハ》虚空《ヲ》離《テ》大地生《タル》木末《ニハ》御座《スヤ》、月答云、我《ハ》三所權現《ト》申也、一《ノ》月《ハ》證誠大菩薩《ト》申、今二《ノ》月《ハ》兩所權現《ト》申《スト》答給《フ》、件犬飼三本木本柴《ニシハノ》寶殿《ヲ》結、三宇奉居之、其後日本國衆生預二世利益者也、三日尋《テ》行《シ》

路《ヲ》今《ハ》号三日《ノ》道《ト》、本宮者顯給所《ニ》社《ヲ》奉造、故《ニ》本宮《ト》申、新宮《ト》者始顯給所《ニハ》不奉崇、始岩基隈《テイハモトコシノ》北《ノ》御食《ニイノ》山《ニ》奉崇《メ》三所權現《ヲ》、依爲新社奉名新宮《ト》云々、

崇《孝照イ》神天皇庚寅年九月十五日酉時、新宮乙暮河原邊榎本顯貴男貴女、同十六日戊（戌）時不見給云々、經十ケ年庚子歳八月十五日戊時、於下熊野現荒相八尺熊《ト》、岩基者昔海也、隈北御食山者、件海、千与包カメヲツキテ權現《ニ》マイラスル所也、權現《ハ》自摩訶陁國人躰《ニテ》ツキ毛ノ龍《ニ》メシテ、新宮《ノ》大明神前《ノ》十二本榎本《ニ》天下給、氏人ヤカテ獵ヲシテ、供具ニ備ヘ奉ル、爰三人聖人御座《ス》、一人《ハ》裸形上人證誠殿《ヲ》建立、一人《ハ》空勝聖人西御前《ヲ》建立、一人朗善和尚中御前ヲ建立給ヘリ或云空勝朗善ハ後造營之時造之云々、

次那智山者、本垂者飛瀧權現、㝡初根本地主權現ト顯給、三重瀧、千手・如意輪・馬頭ト示現御座ケルハ、兼《カ子》テ現シテ蓬萊ノ三山名《ト》三《ケ》御山可御座《マシマス》相也云々、其一瀧者、新宮本地千手觀音也、二瀧者那智本地如意輪也、三瀧本地者本宮本地馬頭觀音也、飛瀧者三重瀧ノ惣名也、

那智山者、

仁德天皇御時、光峯《カノノ》山腰自戊（戌）時、始テ十二所權現指光《ヲ》、至卯時賀利（訶梨）帝母女神母女幡《ヲ》カサシテ、三年三月內裏ニ神變ヲ顯シ御座ス、詫曰、我權現三御山ト可顯御座之由、有神告、于時天皇熊野山御山臨幸、指光顯ハシ御坐セ十二所權現ト令祈請申給フ所ニ、飛瀧權現未《ヒツシノ》方ニ有池、名八功德池《ト》、加里帝母女以錦袋、千里《佐野イ》濱砂ヲ一夜內持來テ埋畢《ヲハル》、彼ノ所ヲ指《シテ》自光峯、十二所權現

天下給フ所ニ十二社壇ヲ奉遷作者也、件ノ池ノ底ニ大虵二在之、爲虵身得脱、五部大乘經ヲ彼池ニ奉入所也、光峯者那智山丑寅方也、彼光峯上池ヨリ智澄《空勝上人イ》《(證)》大師金光明經ヲ奉沈《シツメ》、其故ニ光ヲ放テ衆生利益シ給フ故、先峯ト名者也、其池ノハタエ那智山ノ死亡ノカウヘハ、皆人モヤラネトモ、行ク昔ハ池ニテアリケレトモ今ハ山トナレリ、故ニ名光峯《ト》也、又瀧ノ戊《(戌)》亥角高《ニ》山アリ、最勝王經一部、裸形上人書テ奉納此峯、号最勝峯《ト》、十二所權現御社ノ後ヲハ名妙法山《ト》、空勝上人一字三礼ニアソハサレテ、法花經一部石塔ニ奉納ス、此塔ハ阿育大王ノ八万四千基ノ其一也云々、蓮寂上人供鉢《クハチ》ヲトハシテ乞米《ヲ》、三時ニ胡《護》摩ヲ燒キ八千枚ヲタカル、其遺跡ヲヲウテ至于今、ヲキトヲル船ノ上分ヲ官米御米不蘭《(曾カ)》取之、空勝上人十八日毎ニ一山人ノ爲孝養講經ヲ被行、即觀音化身ト云々、付之妙法最勝光峯ト三山ヲ名也、加里帝母神母女モ、自摩訶陁國權現ト同ク天下給フ神也、

空勝上人實名頼慶　裸形上人實名重慶　朗善和尚實名仙然

花山法皇御參籠時、三重瀧ニ本地千手如意輪馬頭ト顯御ス、二十八部衆レキ〳〵タリ、一説云千手新宮禮殿主、

那智山權現白沙ノ上ヲハ知人ハ、ハキモノハカサル者也、此下《ハニ》大虵未在之、

本地
一禮殿執金剛童子　本地弥勒菩薩　智證大師顯給、

湯峯金剛童子　虚空藏菩薩　波羅門僧正顯給、

發心門金剛童子　大白身觀自在菩薩　麁乱神降伏躰也、
　陁羅尼菩薩觀音者、此神ハ三山ニ各顯御ス者也、
湯河金剛童子　陁羅尼菩薩
石上新羅大明神　文殊　香勝大師垂迹 湯河・石上二大明神者新羅國神也、
近津湯金剛童子　精進波羅密菩薩
瀧尻金剛童子　不空鈎〔羂〕索　慈覺大師顯給、
切目金剛童子　義眞和尚顯給、十一面觀音
藤代　大悲心王童子　千手垂跡
稻葉根　稻荷大明神　新宮　阿須賀一ツ垂迹也、
飛鳥大行事　大宮　大威德明王　六頭六面六足、爲魔縁降伏也、
魔訶陁國ニテハ權現ノ惣後見也、飛鳥・稻葉根稻荷同躰也、飛鳥大行事ハ自權現以前ニ、盧《ロ》鳥《テウ》神ト云鳥ノ羽《ハネ》ニ乘テ下、熊野へ來故ニ、名飛鳥權現、又新宮ヘ大シホ、爲不合上《ノホセ》、御戸ヲ守セテ御座ス也、飛鳥東ハシニ御座、三《スハ》狐神、宇井・鈴木・榎本ノ母也、
摩訶陁國大王者中御前也、卽藥師如來也、号善哉王ト、
西御前《ハコ》御スイテムノ后、土《ツチ(女)コ》如御也、證誠殿ハツルキノ山ノフモト、智鈒上人卽女御ノ伯父《ヲチ》也、
若王子ハ女御々本尊、長五尺、十一面觀音也、大王御太子ハ兒宮計也、如意輪也、九十九人

后中只一人御《コ》スイテムノ御腹ニ王子ヲウミ給ヘリ、御産所ハ金谷ノ谷云々、
五躰王子者、若殿ヨリ子守マテナリ、禪師宮者智釼上人一弟子、聖宮ハ二弟子、子守宮ハ虎、一万ハ々々公卿、十万ハ々々殿上人也、勸請十五所《ハ》山神、飛行夜叉ハ狼《ヲホカミ》、米持〻〻〻〻ハ狐、卽王子ヲ養ヒ給ヘリ、如此能々可致信也、
本宮ハ法身、新宮ハ般若、那智ハ解脱、來世引證幷ナレハ也、
三身ノ中ニハ本宮法身、新宮應身、那智報身也、
一神藏權現事、神倉ハ三山出現ヨリ始ニ顯給ヘリ、權現天下給シ時ハ、一丈二尺熊ト現シ、晝ハ神倉ニ籠居給、夜ハ下熊野通御ヒキ、神倉劍者摩訶陁國五劍ヲ持テ渡せ給フ、又八尺靈烏テ權現垂迹也、奥ニ池アリ、此池ハ八葉池也、中尊ハ大日也、今神藏愛染明王ト顯給フ、此池ハタニ生身不動御座ス、慈尊出世ヲマツ、燈呂アリ、八尺靈烏モ一丈二尺、熊モ此池ノ端ニアリ、神藏《倉》三所ハ西アミタ、中三所權現、山籠御勤ノタメニ奉勸請者也、連坂《ツリサカ》者當時ハトサカト云、權現降來之時、獵ヲシ給シ所也、
垂迹次第根本神倉、次阿須賀・宇殿・石淵キネカ谷
結早玉家津《イエツミノ》御子ヲ奉祝始テ、次其變作神那智三瀧神也、
一大峯者、天竺靈鷲山頂金剛崛《クツノ》丑寅辰巳角七日七夜震動シテカケテ飛來山也、金敷タリ地故ニ名金峯山、金剛胎藏兩部諸尊在ス、尺迦如來現御座ス、佛生國ト云所ニテハ七ケ國ミユル所アリ、

一役行者ハ大和國葛上郡茅原所生也、生ル、時紫雲タナヒキ雲盖上ニヲ、ウ、爲《シテ》 法喜井ノ弟子《ト》、乍俗形難行苦行ス、此故ニ今山臥ノス、カケハ、ヒタ、レヲキテ入峯也、又葛木ニテハ法喜井ト顯ハレ、那智ニテハ生身不動ト現ス、唐第三仙人也、生《イキ》ナカラ都率天ニ上リ給フ、大峯ヲ卄峯ト云、葛木ヲ一乘峯ト云、二人鬼ハ行者、葛木ニテ信貴毗沙門ニ仰セテ、取テ行者ニ進セシ義覺・義玄・義眞也、鬼取者此故也、大峯ハ爲父百二十日ニトヲリ給フ、葛木ハ爲母法花經書冩シテ七十五日トヲリ給フ故ニ、葛木ヲハ名讀誦峯云々、權現降臨之後、今年千七百余年也、

權現御氏人漢司符將軍ヲ先熊野山新宮ヘ被遣之、漢司符將軍者於天竺被召仕臣千与定正三位云々、末孫也、新宮東飛鳥三狐神ヲ爲妻、三人之男子ヲ儲ク、一男ハ眞《マ》俊《トシ》榎本氏、二男ハ基成《モトナリ》宇井黨、三男基行鈴木黨也、壬午才三月廿七日巳時、權現爲《シテ》 人躰《ト》熊野新宮千《チ》尾《ヲノ》峯隈《ノクマ》ニ立《タテ》、漢司符將軍子息等ハナキカト以奉幣司《ヲ》有御尋之處、此子息等參向フ、大岡《ヲホヲカノ》 明神御前ニ十二本榎在之、榎木影ニ奉請權現《ヲ》、仰云、此木影之隈殊勝也トテ、嫡子眞俊姓ヲ給ル、榎本《モト》氏ト号ス、次男基成宇井ヲ爲屋敷《ト》、猪子《イノコ》ニ白キ圓餅《マロモチイヲ》 令進、仰云、汝進物等殊勝也、姓丸子《ヲマロコ》ト給ル、宇井黨ト号ス、三男基行塞野《アウノ、》村鈴木《ス、キヲ》爲屋敷、開發耕作稻ヲ御馬草祈進之、汝カ姓ハ穗積《ホツミト》 定ムル、鈴木黨ト号ス、熊野山昔ハ夷狄鬪諍之堺、人跡絶ヘテ南蠻ノ栖也、爰爲南蠻征伐被下《テ》宣旨《ヲ》、權現熊野弓取ヲ被召、宇井・鈴木・榎本氏也、彼大將ヲ榎本氏ニ被仰下之處、當時ニ榎本氏ノ嫡々僧ニ成テ山門ノ公請ノ仁トシテ住山スル由申上之處、重被下宣旨《イ權現》事七度也、彼榎本氏嫡々ヲハ号眞繼律師、眞繼

生年九才ヨリ住山、依勤學廿二才之時、被補律師令勤公請《ヲ》、爰承宣旨、權現ニ祈請令申之様、我身誠ニ大將軍ヲ給テ可向者《フ》、此髪髻《モトヽリタケニ》長可生也トテ、三月廿一日戌《イヌノ》時《ニ》、圓柱《マロキ》奇懸《ニヨリカヽリ》端坐スル處、髪開敷《カミカイシキニヲウ》生、其時隨宣旨、玉郡糸《タマコムシノ》三条大納言有遠《アリトヲ、》烏帽子父トシテ元服、其後熊野山新宮宇井鈴木等召上テ、眞繼《シムケイハ》律師ナレハ被補宰相、仍号眞繼《マツクノ》宰相ト、宇井黨嫡男兼純《カネスミ》・鈴木黨嫡男眞勝兩人共被補判官、庚寅才三月廿八日、三人嫡々爲大將軍發向《ト》、眞繼宰相ハ熊野山那智錦浦ヨリ責ム、次男兼純判官ハ日高郡御前ヨリ責、三男眞勝判官ハ鳥羽浦ヨリ責、爲知我輩面《ヲ》々指幡《ヲ》、眞繼宰相手ノ陣ニハ、赤《キ》幡《ノ》面《ニ》白《キ》金剛童子ヲ顯ス、次男兼純ノ手陣ニハ黑幡面ニ赤金剛童子ヲ顯、三男眞勝手陣ニハ白幡面ニ黃ナル金剛童子ヲ顯ス、南蠻住所者佐野、秋津《アキツ》濱《ハマク》孔子《シ》嶋ニ陣ヲトル、孔子嶋者佐野前《ノニアリ》、佐野《ヲハ》秋津嶋ト云、三毒ノ酒ヲ挑子《テウシ》ニ一タテシテ、左杓《リノシヤク》ニハ狄《エビス》ニモル、右《ノ》酌ニハ我手輩《ノ》ニコレヲモル、長蠻《ナカツハムノ》大將軍等ヲ爲始《ト》、十三人《ノ》大將軍《ノ》南蠻等打殺シテ畢、彼墓所ハ香州坂上《ノヘニ》在之、自其以後、我山神明遊化ノ砌トナル也、南蠻者エヒス也、舎弟二人禮《ライ》意孔子二人ハ被打畢、悪事ノ高丸《タカマロ》一人ハ邑縣ヲ落テ奥州ソトノハマヘ行畢、比平符《ノ》將軍者、本地不動垂迹、百王鎮護ノ八幡大丼(井)《ノ》隨類神、河原《ノ》大明神ト顯レ給フ、眞俊ハ不動、基成大日、基行毗沙門垂迹、三大明神顯給、漢司符將軍者毗沙門天、牛鼻大明神顯、中天竺摩訶陁國慈悲大賢王ノ公卿正三位千与定、其子息石田河河上ニ南岡住人《ヲカノ》トシテ熊野部千与包、本地大日垂迹也、今ノ神官禰宜ト成給フ、正三位千与明、本宮ノ法花三昧香壽丼(井)反化身也、千与包・千与明兄《メイ》弟二人ハ千与

定之子息也、阿須賀大御前ハ本地アミタ如來、中社ハ伊勢住吉出雲大社、同東ノハシニ御座スハ
三狐神、榎本・宇井・鈴木三人母也、權現中天竺マカタ國鎭守スト、顯給フ時ハ比平符將軍ト
号シテ其子唐土ニテハ漢司符將軍ト被召仕キ、鎭西彦山ニテハ上津《カミ》瓦《カハラノ》（尾カ）大明神・下津瓦大明神ト、
現本地不動毗沙門也云々、新宮假名書緣起畢、

神倉緣起相傳

是世　自孝照〻〻〻廿三年戊子至同御宇六十七年壬申、四十五年持之、
先世　自同六十八年癸酉至孝安天皇御宇五十二年庚辰、六十八年持之、
善世　自孝安〻〻〻〻五十三年辛巳、七十年持之、
西世　自孝靈〻〻〻〻廿一年辛卯、七十年持之、
實世　自孝元十五年辛丑七十年〻〻、
寂世　自開化廿八年辛亥七十年〻〻、
學世　自崇神卅八年辛酉七十年〻〻、
西學　自垂仁四十年辛未六十五年〻〻、
寂西　自景行六年丙子六十年〻〻、
有西　自成務六年丙子六十年〻〻、

金西　自仲哀五年丙午七十年〻〻、
世西　自神功皇后宮六十六年丙戌至應神四十一年庚午、四十五年〻〻〻、
与我　自空位辛未八十年〻〻、
覺西　自仁德七十九年辛卯五十五年〻〻〻、
蓮學　自名（允）泰（恭）卅五年丙戊（戌）至三十七年〻〻、
一說云、自名泰卅五年、至武烈天皇五年癸未五十八年持之云々、
其後依無緣起相傳器量之仁、於本宮兩所柿下埋之、自癸亥至于癸未二十一年之間、徒送星霜之處、高賀茂氏女令（熊野）參詣、仍相傳緣起云々、
高賀茂氏女、生年廿五春（繼躰三乙丑）又熊野參詣、自權現御寶前感得熊野金峯緣起云々、一說云、蓮學相傳之云々、

一熊野山別當次第
禪洞上人　号寺務始
千如住持　仲靈講師　僧皇別當
第九代別當
殊勝別當　号殊勝別當、熊野山別當於讓与孫子泰救云々、
第十代　一条院御代
泰救別當　羽林實方息、母殊勝別當女、熊野上綱始也、長保元乙亥（己亥）二月三日補別當、
泰救者、關白大政大臣基經照宣公――忠平貞信公（關白大政大臣）――小一条大臣師尹――定時（侍從早世）――實方（中將）

——泰救 寛仁二午戊(戊午)十月廿日死也、

十一代 快眞 後一条院御宇　寛仁二年戊午十二月補別當、泰救嫡男、治六　万壽元六月死去、

十二代 永導 三条院御宇万壽元十一月甫之、泰救次男、

十三代 覺眞 後三条院御宇延久元、泰救三男、第十四代別當名字不知之、

十五代 長快 白河院承保二五用(月カ)甫之、快眞息、寛治四年本院御幸時敍法橋、

十六代 長範 雖爲長快次男以長範爲嫡子、鳥羽院保安四年三十八時甫之、鳥羽院御幸時敍法印、

十七 長憲 近衛院、長快三男、鳥羽院御幸時敍法眼、

十八 湛快 久安二甫之、法住寺殿(後白河)御幸時敍法印、長快四男、

十九 行範 高倉院承安二甫之、後白河初度(マヽ)御幸敍法印、

廿代 範智 承安三甫之、長範三男、

廿一代 湛增 後鳥羽院文治二甫之、湛快次男、湛增嫡子湛憲、其子快實、號小松法印

廿二 行快 母爲義女 行範三男、後鳥羽院建久九年甫之、後鳥羽院御幸時敍法印、

廿三 範命 行範子、母爲義女、後鳥羽院御幸時、於禮殿被補別當敍法印、

廿四 湛政 湛快三男、土御門院御代承元二甫之、

廿五 琳快 行快六男、後堀河御代貞應元甫之、此別當謀反人於依篭置被訴、宮崎覺遍被流罪於足利ニ、四十三死去、

廿六
快命　範命三男、後堀河安久（貞）二甫之、

廿七代
湛眞　湛增四男、四条院嘉禎三六甫之、

廿八
尋快　行快五男、四条院御代仁治四甫之、法印權大僧都、

廿九
定湛　湛眞次男、後深草院御代、

卅代
靜快　尋快次男、立嫡子兄長王禪師、承久合戰爲院方被打畢、

三十一代
正湛　定湛子、後宇多院御代弘安五年十二月甫之、

別當系圖雖在之略之、

（以上一卷）

（後筆）「那智三卷　青岸渡寺 尊勝院」

那智山瀧本事

一夫那智山者《ハ》、蓋《シ》瀧門雲崛之神秀《ナル》者也、垂迹《タルトキハ》則有飛瀧之勢《ヒ》、仰《トキハ》本《ヲ》則在救世之盟《チカヒ》、皆玄聖之所遊化《スル》靈神之攸《ナリ》濟生、窺《ウカヽヘハ》其（裏打後ノ補筆）「源」《ヲ》極《トヲ》、不背《ナムトモセ》四明九疑□將編《サミス》三嶋五城之霞《ヲ》、誠三國無（頭注）「那智、記云ハ吾如龍王第三子重慶、號飛瀧權現云、作河神也、」「雙飛瀧千」眼照臨之靈崛也、抑飛瀧權現者天照大神輔佐之臣也、成劫初起《ノ》降來焉、

難陁龍王應化之神也、擧《コソテ》世名稱普聞《ス》矣、遂使《シテ》國主相續《テナン〱トス》垂九十余代朝《ニ》、瀧神鎮護《シテ》覃《ヲヨフ》百八十万歳《ニ》、是以稱《スルコトハ》主於天子者《ト》傳日子之自更餘影《ヲ》、名《コトハ》境《ヲ》於神國者起《ヲコル》瀧神□、以是則《テ》於結早玉和光垂迹之玉砌《ニ》、在「大行事」飛瀧權現之尊號、豈無所由哉、爰以裸形上人自戊子歳卅一箇年之間、勤行神倉興造新宮之後、

孝照天皇五十三年戊午歳六月十八日、上人出熊野新宮《ヲ》向那智錦浦、爲沐浴清淨至《ル》和多水湯《ニ》、忽千手「千眼浮御」影《ヲ》於漁海、放光《ツ》於遐《カ》邇《シトニ》《トヲシチカシ》、上人將驚《テ》神光、遙詣瀧本、于時和光之空高《ク》晴《日映ス》、飛瀧千丈之粧《ニ》垂跡之地、影冷《シテ》嵐讓《ル》崇山万歳之聲《ヲ》、信仰銘《シ》肝感興入《シム》骨《ニ》、壺中天象外地耳、適濯《カハアムレハ》潤水疏《ニワカチ》心胷之煩想《ヲ》、閑拜《ハ》瀧窟《ヲ》蒙《ル》靈神之知見《ヲ》、遂送《テ》六十余年之星霜《ヲ》、新《ニ》顯《ス》一万二千之神祇《ヲ》、

「孝安天皇三十」年戊午歳、瀧本《ノ》未方《ニ》有池、是《ヲ》名《ク》八功德水、有龍蚫、頭《ハ》入池尾至瀧、加里帝（訶梨）母以錦《ノ》袋運《テ》秋津濱《ノ》砂《ヲ》埋《ム》深池《ヲ》、裸形上人結《テ》松壖《ヲ》崇《メ》三所權現《ヲ》利《ス》蒼生《ヲ》《民事也、》、其後空勝上人・朗善和尚連々加揥（締）構《ヲ》、代々增成風《ヲ》、終興造十三之神殿《ヲ》勸請結早玉地主《ノ》烈神《ヲ》、建立一宇之途「堂安」置如意輪觀自在尊、自其以降追夏《テ》□儀於末代、尋《テ》重慶之深法、傳《フ》難行於當世、至于如彼蓮寂上人行《ヒ》空鉢之祕法、叡豪上人致《スヤ》當山之紹隆《ヲ》者、瀧山繁昌之濫觴、熊野上分之規模也、就中清和寛平之往躅《ソク》《ムカシノアト》敢無比類、智證慈惠之法驗、又無准的者哉、

花山「法皇正曆」年中、恭（忝）凝三ケ年之參籠兮移《シ》千日之凉澳《アッシ》、專連六十人之禪徒《ヲ》兮行㝡上之

祕法、所謂卜《テ》斷穀絕煙之栖《ヲ》、三七箇日味《ヒ》純粹於密華□「石」敷苔之席《ニ》、九十日酌法水於甘露池之流、又安倍晴明朝臣以二人之式神狩籠《カリコメ》魔衆於巖崛《ニ》、院誠大阿闍梨崛十柱之王子奉備法味於梵場、然間、答九星反唄之神力魔民悉歸伏《シ》、依六根懺悔之法用善神加擁護、遂使始御願於難行之室、「成勤修於三」密之床、然間蘿襟薜衲《ラキンヘキノウ》《コケノ衣ノクヒコケノ》積《メル》薫修也、仙才聖人累世而練行焉、臥雲喰霞之凝苦節也、竹薗執柄遁塵而斗藪《ス》、將々如巖洞捨身不惜一旦命、煙霞飲息勉《ツトムルカ》三密《ノ》行《ヒ》《ヲ》者《ハ》、爲一朝無雙之勤、永流《クス》有截之褒《ホマレヲ》者也、

一熊野三「山異」同常別不二而二事

先本宮那智兩山者眞身、新宮者應身〔是眞應二身配當之〕、就其本宮与新宮在七異三同、本宮与那智〔在同在異〕、又三山在配當、所謂法報應三身、法身般若解脫三德、法俗女三躰《諦イ》、佛金蓮三部也、

一本新七異三同事

一新宮者顯應身之躰、在俗躰之禰宜、
本宮ゝ表眞身之形、在法躰之衆徒、
二新宮ゝ以黃衣禰宜、爲昇殿之役人、
本宮ゝ以香衣僧侶、爲昇殿之役人、
三新宮ゝ祭礼在御幸《ミユキ》、示應化變易之相、
本宮ゝ祭礼無御幸、示法身常住之相、

四新宮〻御供用贄《ミノ》《ニエ》、衣置千木鰹木、示和光之嚴儀、
本宮〻御供熱(熟)齋、依持五戒十戒演精進之供養、
以上四異者、本宮与那智同之、
五新宮〻依陰陽而二之世情、兩所殿構二宇、
本宮〻依理智不二之深理、兩所殿構一宇、
六新宮〻以神倉爲行所、參籠衆送三箇廻之涼燠、
本宮〻以大峯爲行所、晦山臥致六十日之神事、
以上、二異者新宮与那智同之、但兩所殿事、那智者不二之上而二也、又在口傳、後可注之、
行所事者那智者以山上瀧本、共爲勤行之在所、与新宮在少異歟、
七新宮者以寺家稱在家聚落、爲禰《カ》宜神官之宿所故也、
本宮者、以菴室稱大峯一宿、爲採薪汲水之行所故也、此一異者、那智山房舍次第、異本宮・新宮兩山、彼那智山者、三百余房皆清淨、而無男女共住之義、本・新兩山者、共菴室外在男女共居之坊舍故也、
三同者
本宮以長床客侶致長日之勤行、勤一夏之供花、新宮相同、
本宮正月元日御戸開、修正修二月、三五六頭役神事、延年等在之、新宮相同、

本宮在家出家不各別、菴室房舎居同所、新宮相同、惣而言之、本宮者本覺眞如之寂光土《ナルカ》故《ニ》稱《ス》本宮、新宮者新成妙覺之同居土《ナルカ》故《ニ》號新宮、那智山者昔号難地、後改《テ》稱那智、是蕩《トヲカシテ》三山邪魔《ヲ》、歸《スル》正法表示也、那者魔義、智者湯義也、然間毎事異兩山端《ハシ》多《シ》、卽長日勤行者常客共勤《ム》之、延年田樂又以同前、○就中那智山者、依無女人止住之儀爲清淨結界地者也、○記云、本宮表法身、天台尺云、豈離伽耶別求常寂光非寂光外、別有娑婆文、新宮表應身、同居土之相、那智表報身實報土之相、淨穢二土宜察者也、尺云、寂光理通如鏡如器、諸土別異如像如飯文、

三山建立多分依天台、徽(微)細依眞言、

一伊勢皇大神宮与熊野三所權現同躰事

［　　］(伊勢皇)大神宮与熊野山、依爲同躰之神垂迹奇瑞一致者也、

於伊勢者顯朝熊峯、　於紀州者示熊野山、

於伊勢者顯寶劒、　於紀州者示神劒、

於伊勢者現鏡宮、　於紀州者現月輪、

顯熊顯鏡顯神現劒、共以同躰垂迹也、誰貽狐疑哉、於伊勢者依魔王約諾之誓旨、百王鎭護爲正、濟度利生爲傍、於熊野者任開元世索之本願、濟度利生爲正、百王鎭護相並《フ》者也、然則新宮爲伊勢同躰之宗廟、千木鰹木呈《ス》其相、本宮爲神明超然之靈社、難行苦行顯其實《ヲ》、爰以伊勢

號日本第一宗桃(祧)神明、熊野稱日本第一大靈驗所《ト》（頭注）「但代及未入國神名帳歟」、兩神依爲同躰、日本第一之號《ナハ》雖全同、眞應依有差異、大靈驗之名《ハ》令超過者歟、所以《ハ》不烈(列)於扶桑廿一社、闕載於卅番神名帳者、豈不以其垂跡、卓《タク》礫《ラクト》《コヘスグレタリ》餘社《ニ》、其靈驗超過宗廟哉、就中那智山者、自兩山後雖令出興、利物濟生者、瀧山猶勝《ル》青色出藍《ニ》、如青自藍、本宮者理土故邪正不二不簡別、新宮者同居故、凡聖雜居不純一、准《唯歟》獨那智山爲淨土莊嚴者哉、

一三山御在所事　本新在別、

那智山者、神龍之伏地、胎金之權跡也、依之神龍頭《ノ》上《ニ》建如意輪堂、尾上《ニ》立瀧本拜殿、是喰受法味神龍不出之計略也、每年五月四日夜、自瀧本號六十躰上面々燃《シテ》火參《ス》如意輪堂、則龍虵火焰熾盛之表示也、上下入堂之通路者、斯彼《ノ》虵《ノ》背《脊》上也、然則飛龍・弁才奇巖靈石綺之、奇特得而叵稱矣、

一社壇興造事、諸家勘文異說雖區、就瀧山（切除シアリ）注之、

自東一 瀧宮　飛瀧權現、成劫初起之時、与瀧水共降來、難陁龍王化現也、慈惠僧正《ハ》彼神示現應作之所變也、或山籠飛瀧權現正躰可奉拜之由祈之、卽自瀧底大龍出《テ》、登瀧上、其足裏《ニ》銘良源《ト》、其後歸敬慈惠大僧正云々、

仁德天皇御宇構大厦之成風、造十三之神殿、是則那智山地主飛瀧權現、三山地主證誠大菩薩云々、

證誠大菩薩　熊野山地主權現丹生大明神、月弓尊也、或伊勢外宮云々、□(切除シアリ)者丹生大明神是也、彼書云、權現在三使者神、瀧原丹生伊弉諾明神、ト云ヘリ文、瀧原飛瀧權現丹生證誠大芥(井)、伊弉諾中權現結宮於号熊野權現云々、又弘法大師御遺告云、丹生御敷地東限大日本國、南限南海、西限應神谷、北限日本河(海カ)云々、又如應神天皇丹生御寄進者、南限阿帝(氏)河云々、今案之、南限南海云々之條、熊野山尤爲丹生敷地處、神武天皇以無漏郡權現御寄進之間、

應神天皇丹生御寄進之狀者、南限阿帝河之由令治定、雖然依爲根本地主、奉崇熊野地主證誠大菩薩者歟、將又或古記云、天照大神伊弉諾伊弉册皇孫也、熊野權現伊弉諾伊弉(册、脱)皇孫也、文、又弘法大師御遺告云、丹生大明神、伊弉諾伊弉册尊御子也文、如此三說者、丹生大明神与兩所權現共非無由緒、但如緣記者、於天竺伽毗羅國者、證誠大菩薩稱慈悲大王、兩所權現者慈悲大王二人御子、號結早玉、然間、於天竺者慈悲王爲父、於本朝者慈悲王爲子、是爲親爲子、因果々因、因果因打替、々々表互爲主伴義歟、

早玉宮中御前　伊弉諾尊、日本國主宗廟靈神也、

秘書云、伊舍那天、伊舍那后、日本開闢本主當宮靈神是也云々、

結宮西御前　伊弉册尊也、彼尊產日神、月神、

蛭子《ヒルコ》素戔烏尊之後、產火神之時、於紀州有間村產田宮萠(崩)御、即彼靈魂在大般涅槃岩屋、產田宮祭礼時、彼岩屋下御七五三《シメ》云々、若然者靈魂紀州御垂迹、尤在其便者歟、是以諸家勘

文多此義也、

若女一王子　天照太神垂迹、兩所權現王子也、

若女一王子之號、尤有所以者哉、新宮置千木鰹木事、證誠兩所若一王子四所也、又《籐代》鳥居額云、日本第一大靈驗所根本熊野三所權現若女一王子、文、可知、

四所明神、次第七殿仁十三所於令崇云々、

一說者、結宮爲中臺、左右各三社營作也、一番早玉、二番證誠殿、三番瀧宮、

右方一番　若女一王子　二番　殘四所王子　三番　四所大明神云々、

一堂舍幷奇巖靈水事

如意輪堂　裸形上人菴室也、卽彼本尊如意輪觀音、閻浮檀金尊像也、

千手堂　三尊薩埵之尊容、忝　淸和　寛平　花山三代御本尊、金銀千手(長五寸)・十一面(長三寸八分)・如意(長八寸)輪云々、雖及火災度々、於靈像者儼然而立于巖上、靈異奇特世以所知也、

又內裏二間觀音(花山法皇奉納巖崛、奉祈禁裏其儀、于今不斷絕、二間夜居本尊也、)

玄奘三藏本尊、赤栴檀木像觀音、異香芬馥于今不絕云々、或北斗影向之木、補星降臨之杉、或善如龍王之岩、無熱惱池之水、几當瀧、有七木七石七水七瀧、

七木者、安倍淸明朝臣受　花山法皇之勅勸請北斗七星、卽影向七木之杪《コズヘ》《ヒヤウ》、降臨七水之波、

其杉者山上・河中・閼伽井・作籠・中別所(御佛性(餉)進)・小別所・內陳(但權現同影向七木之杪、宜祕杉也、)

七水者、刃字水小伏拜
香水在內陳・大樋無熱惱池水・小樋甘露池水・閼伽井七人先德閼伽井也・護摩堂北斗影向・古衆水自龍王口出水也、飲之者無病無惱色力自在也云々、
七石者、一岩屋号別所籠岩屋、
先達々々深無際限、如鹽干濱、葛木二鬼常通云々、・裸形上人夜岩屋号卷數々々・摩多羅神々々惣在四所摩多羅神々々・弁才天々々同在四所・
大黑々々同在四所內古石・加利帝母々々堤權現御在所池靈神也、神母女在此傍河中也、
七瀧者、一瀧千手千眼靈像、直顯巖幅、三重瀧水上八天河《アマノカハ》故不見欤、・二瀧如意輪・三瀧馬頭三瀧上不得登、・弁瀧弁才天・布引瀧・內陳瀧寂祕瀧也、・
新客瀧不入山籠衆暫行此瀧、仍號新客瀧、
其外祕所
妙法峯空勝上人一字三禮法花經奉納石塔峯也、又蓮寂上人空鉢十二在之、
寂勝峯　先德寂勝王經奉納峯也、
光峯頂有池、加利帝母神母女放光故、号光峯、彼池奉納五部大乘經、皆放光故号光峯、依此經功德、池虵得脫故、池無水爲山云々、
佛頂山又号佛頭山、如法峯法花供養時、自此峯千佛涌出云々、
花山法皇御菴室　同御墓所
御參籠之時、在頭風之御惱、爰靈夢告云、
法皇先生者當山行人也、入滅之後、其頭在二瀧上峯、自頭目木出生ス、依之在頭惱、尋取之
致孝養者、頭惱平喩(愈)悉地成就云々、仍八月彼岸前十日之間尋出之、彼岸正中七日致孝養之

儀、其相撲《ホス》尺迦涅槃之儀《ヲ》、彼岸後三日顯《シテ》悉地成就之相、御惱忽平瘉、是彼岸例法三七日
斷食、巡新衆規摸也、
大狩籠　小狩籠　法皇被召請明《晴》朝臣、被修魔神對治之祭禮、即狩籠魔神、於兩嶋止天魔波旬之障㝵、
十《ト》柱《ハシラ》王子〻　院誠上人、召請日本國中名所名山之十柱王子、爲悉地成就本尊、及當代號花山法皇御本尊、在別行次第、於深山靈嶋可修之云々、
五大尊岩〻〻　四天王〻〻　大荒神〻〻　大聖觀(歓)喜天〻〻　吒天〻〻
(頭註)「鳩般恭鬼岩屋ニ天照大神影向〻、摩多羅神〻〻、鳩〻〻、鬼〻〻在之、弥二度下、寂祕也、」
鳩槃荼鬼〻〻　奇巖恠石當瀧名區也、　天龍八部〻〻　諸神影向〻〻　諸天降臨〻〻
天照大神毎年三度影向々　六月十八日・九月九日・歳籠三ヶ日、
○役優婆塞多季薫修行法々、　行者出家以前時分也、
常燈不斷香々、　至當代在燈在薫香、拜見之輩繁昌也、
十五童子〻同十五石　陁羅尼衆內腕陁羅尼寂祕也、陁羅尼衆十五人者表十五童子也、
柱(炷)松眞木在所・同葛在所　年籠柱松眞木葛者、在表示灌頂時五瓶庄嚴之祕法也、有情出生義也、
年籠灌頂在所　弥二度下、寂祕也、
毎年十七度礼法在所　皆祕所也、
三代聖皇重石　清和寛平花山三代毎御參籠被重石、今在三重、及末代可在七重、是七人仙院可有御參籠之表示云々、
慈恵大師毎年一夏九旬行法菴室今小別所是也、
範俊僧正七百三日、被修不斷愛染法之時、不斷香三寸火舍同壇上出現之、如意寶珠在之、

濱宮　堂　補陁落(洛)山渡海上人、於此寺致加行、補陁落山著岸之後、上人乘船幷書札共歸着此浦、

濱宮　若女一王子十一面、錦浦大明神尺迦、關東二所權現也云々、

錦浦　那智山如意輪堂御勤事、模錦浦波音金峯小守地藏妙唱誦如意輪尊大咒ヲ、即其梵聲之響、爲當堂妙業者也、

一野　三說在之、一ハ若王子・伊勢・山王、二ハ若王子・金峯(子)小守(擧)・伊勢、三ハ伊勢・若王子・妙見、

九品境石　熊野靈地者、表九品淨刹、所謂本宮九品有鳥居、瀧山九品者、立石巖顯以之爲表示、

多《タ》和《フ》下《ケノ》王子　振瀨有□　又多富氣彥火火出見尊御幸之御祓處、

二橋水　此水難陁・跋難二龍王吐出水也、二瀨云々、本河瀧流、檜谷流、

本宮油(細カ)河与二橋水同流也云々、緣起云、伽毗羅國之油河油《ホソフシテ》而流東南、摩耶夫人誕生、太子浴之化天龍衆除《ハラテ》風塵、南山御熊野之油河油而流東南、國母仙院祈禱、天子浴之、金剛童子加警衞、文、當山二橋表彼東南流故也、

退几率都婆

本宮下乘隔三日(里カ)、名龍水下、是無熱惱池之潛流也、沐之者灌業障積塵成淸淨法身、不空羂索觀音坐此所、若不斷邪心之者無過《ルコト》其前、瀧山下乘在六里、號一野宮、天照大神之垂跡、參詣之客各成悉地、本宮退几隔半日、名發心門、是從凡入聖之初門也、入之者得轉惡爲善、成無畏堅固之身、大白身𦬇(井)坐此所、若不禁妄念者無入此闥、瀧山退凡在惣門、號法身門、窮源悉《シム》淨之妙地、練行之輩皆得解脫、

大伏拜・小伏拜　次《如》表等妙二覺

出生門・涅般門　表生死卽涅槃、山籠衆入法時、入向涅槃門、退出之時、出自出生門、在口傳而已、

金經門　十羅刹〻

昔上人《實譽》勤行三ケ年之後、依靈夢之告、得《タリ》眞金於瀧上、卽奉治濤(鑄)十二所權現本地、書寫五部大乘經、奉納巖崛、是号《ス》金經門、十羅刹女正現二聖二天擁護云々、以此金餘殘擬用他事、忽《ニ》成石墨不能所用而已、□(切除シアリ)几遮眼觸《フル、》耳之奇特、傾頭銘肝之秘術、禹《カモ》筆不能《ス》記《スルコト》、齡《レイ》竿《カ》筆《モヤ》及《ン》注《スニ》、姬孔子之書更忌《レ》(忘カ)談、老莊之作何得演《ソンコトヲ》、誠一生十地所優遊、和光同塵之所濟生而已、都而瀧崛參籠之客侶者、廣劫宿習之機緣也、三廻之行業雖輕微《ナリト》、一生超《ニコヘ》三大阿僧祇之苦行、千日之參籠雖《ハ》不久、卽座經《フ》十六大菩薩之地位、是併煩惱永斷之行門、卽身成佛之要路也、其行門者在大小乘之軌範、在惣持門之正宗、有長時不斷之行業、有彼岸年籠之礼法、或學釋《ヒ》迦六季之苦節、或談秘密亰上之教法、一々綱目、可俟下焉、

一瀧山參籠衆定時勤行者、如意輪堂幷拜殿兩所各三時御勤、陁羅尼衆鐘樓日沒出仕、於瀧下千手堂三時、拜殿例時、初後夜御佛性幷番頭番子長日法花讀誦、又於瀧本長日各二七ケ日斷食、號新衆二度下、又先達古衆小先達長日勤行也、

一參籠衆沒理四度勤者、如載先段、長日瀧本勤行也、最初參籠衆是号新客、二七日三七日遇種〻礼法、其後入山籠者也、但本山籠衆滿衆六十六人參籠之時者、或二年或三年行新客瀧守、

闕入山籠者也、
次新客烈〔列〕山籠是號大山籠、
次大山籠以後、或惣陁羅尼衆、或交供養法衆、若無闕時者不被入之、大山籠陁羅尼供養法衆
等、中先令行沒《ホリ》理四度勤者也、沒理者沒沉空之理也、
四度勤者、
先新衆　二七日斷食　預流果聖者
次二度下　二七日斷食　一來果聖者
次小先達　瀧本衆世間役勤仕仁也、不還果聖者
次古衆　瀧本堂拜殿奉行也、阿羅漢果聖者
　所作已弁仁也、號沒理古衆
長日先達（彼岸年籠者越家役、夏中者多分沒理古衆役、）一代教主表示也、
每日法花讀誦番頭、摸多寶證明儀、同番子法花讀誦行者也、
一夏中勤行者、効功(切)利安居九十日、行三時之佛事、
連瀧山參籠六十人、勤不斷供花、其中或號安居別所、籠九旬專斷穀菜食之行、或名常客延
年衆、每夜奏乱舞廻雪之曲、是則菜食者起自慈惠大師之丹誠、延年者催乱舞廻雪神之感興矣、
日本書記(紀)云、南山在大神、好乱舞神也文、又云、南山在大神、號乱舞廻雪神文、

一彼岸勤者、花山法皇御佛事、大般涅槃之儀也、又密教配當時金剛界義也、
勤者七人內、勤上臈四人表四智心品、別所籠・先達・小先達・古衆是也、勤下臈三人表三因
佛性、二度下・巡新衆・弥新衆是也、三七日斷食、內前十日者修行時分法花經云、須臾聞之、卽得究竟阿耨多羅三藐三菩提文、依之三祇百劫修行構(講)
前十日、彼岸正中七日表大般涅槃義、六十人悉織助正番頭、正番頭備供花誦法花、助番頭擧聖焔
成供養、後三日勤天長地久御願花山法皇御佛事次第、者岩屋相傳之段載之、三七日斷食已滿之後、越家巡弥兩新衆者沒理、
二度下・小先達・古衆次第昇進、越家二度下者沒理、小先達・古衆次第昇進、其後正了緣三
佛性增長故、次彼岸二度下、成ル報身平等性智小先達ト、巡新衆成ル來所作智先達、但一代敎主釋
迦應身儀也、弥新衆成妙觀察智古衆ト、
又小先達者猶修習、次彼岸成大圓鏡智別所籠、是則三身相卽報身如來、顯教附順儀也、又密教配當時大日法身如來也、
一年籠勤者、金剛薩埵灌頂之義相、眞言祕藏頓證之極果也、所謂年籠九人勤者表胎藏八葉九尊、
卽
別所籠中方・副古衆東方・大先達北方・小先達南方・巡古衆西方、已上五人号勤上臈、
巡二度下東南普賢　弥二度下西南文殊　巡新衆東北弥勒　弥新衆西北觀音、　已上四人号勤下臈、卽行三七日之斷食、
遇無際限之礼法、
各經一廻之後、皆增進佛道、其難行者自十二月廿日至于次歳正月十日、斷食三七ケ日之間

每日三時御勤、每夜不斷礼拜、或堂內閼伽井之行業、或歳籠十七箇之礼法、其苦節更凡慮非所及矣、結願之後、又巡新衆・弥新衆二人者加二度下行門行、二七日斷食、其後四人共沒理、小先達・古衆四度勤終之後待歳籠、各成立五智如來者也、

其次第昇進者、

巡二度下　成南方　寶性尊（開敷花王如來）、平等性智、小先達

弥二度下　成東方　阿閦尊（寶幢如來）、大圓鏡智、副古衆

巡新衆　成北方　不空成就尊（天鼓雷音如來）、成所作智、先達但兼顯宗應化尺迦教主之寶位、

弥新衆　成西方　無量壽尊、妙觀察智、古衆

小先達　成中央大日如來、法界躰性智、別所籠

凡巡二度下者、經一廻成寶性如來、灌頂之位、自小先達又經一廻成別所籠、是號三歳籠、無上越家、是漸次卽身成佛也、文云、若有衆生遇此敎、晝夜四時精進、修現世證得、觀喜地後十六生成正覺、文、

又貴人中不經漸次、直成別所籠、是号直住別所籠、文云、修此三昧者現證佛菩提、文、

又巡二度下親王位、小先達春宮位、別所籠帝位、卽法皇御躰、巡新衆執柄息、大先達攝錄位也、於當瀧者晴明躰而已、

一陁羅尼衆者、表十五童子在十五人、倶(供)十人爲末衆、

五人爲上首、當瀧者以弁才天如意寶珠、利衆生与福錄(祿)云々、依之、於陁羅尼衆各有表示、一和尚龍樹權現、執筆得善大王、陁羅尼所司弁才天、本若護法、副乙護法云々、陁羅尼衆進松明、於前山籠事者、乙護法誓一持祕密衆生々而加護奉仕、修行者猶如薄伽梵之意也、或說云、大峯葛木十五童子云々、

一供養法者、有五人、表五部灌頂阿闍梨五人、

一瀧山十七禮法者、[一]新客法　[二]山籠入法　[三]新衆堂内　[四]虫明　[五]閼伽井法　[六]通夜礼拝　[七]兩彼岸礼法
[八]同空木法　[九]九日追出　[十]彼岸年籠塩書　[十一]同十六十七法　[十二]眞木引　[十三]葛引　[十四]夏中沒理角　[十五]米打　[十六]大槃洗法　[十七]彼岸歳籠腕陁羅尼面々山入

已上十六度者、表十六大菩薩地位、經歷第十七彼岸歳籠山入者、經十六大菩薩位、卽身成佛之義也、

竊以瀧山參籠行者《ハ》、三途八難《ノ》業障無業而《トシテ》不果、五衰無常之苦患、無苦而《トシテ》不受、然間九夏三伏之炎暑、鎮流焦《シ》熱之汗、玄冬素雪之寒夜、殊沈《ム》紅蓮之氷《ニ》、十進九退之難行、唯一無二練行也、嗚呼兩旬斷食之間、永忘《レ》父母再會之思《ヲ》(恩)、數片杖棰之下、恨　作《ムナサンコトヲ》　魂魄望郷《ノ》之鬼、入万死得一生之後、拂微細妄執之厚霧《ヲ》、拜卽身成佛之恵日《ヲ》、勤行雖不經歳取證、如　反《カヘスカ》掌《ヲ》、唯識論云、處　夢《シテ》　謂《イフトモフトヲ》經季、悟《レハ》　乃《チ》須臾《ノ》間《ナリ》、故時《ニシモ》雖無量《ナリト》、攝在《スト》一剎那《ニ》、文、抑權現久卜松栢於南山々嵐、遍　被《クカウフラシメ》　四裔《エイニ》(界也)、諸天《ハ》常潤《ニウルヲシテ》　英蕖於上界之露、遠載《クノス》八挺《ヲ》、是併依法味喰受之功能、增和光同塵之威力者也、是以晴明瀧本記云、行法有《レハ》　隟魔神成嗔、祈誓在誠天下靜謐、瀧本荒廢《セハ》三山荒廢《セン》、三山衰微《スイヒセハ》　天下衰微《セムト》　云々、取意、豈　圖《ハカランヤ》　四海安危、照《シ》和光掌內、百王理乱、懸行者心中、然則王者禋《ノン》(マヽ)祀《スレハ》、權現含和光之咲、無德《トシテ》　不酬《ムクワスト》、黎元歸依《スレハ》　飛瀧示隨喜之相、無事《トシテ》　不成、

觀先當山爲躰、曝布飛流《ヒテ》以千仞《ムノ》之粧《ヒ》三國無雙《ヒ》、雲崛《クツ》勢《ヒ》峻《シテ》以万端之瑞、末代有驗《ルシルシ》者歟、加之或妙法峯高兮《而》尺尊應化(之、脫)春花開、或錦浦波靜兮《而》和光同塵之秋月澄《スメリ》、几踐《フミテ》莓苔之滑石《ヲ》至《レハ》巖頭、心遊象外《ニ》、攬《トテ》樛木之長蘿登《レハ》瀧上、眼疲《ル》雲路、誠釋《ステ、》域中之常戀《ヲ》、暢《ノフル》超然之高情《ヲ》者也、都而所祈者　金輪聖主、金輪久轉守大椿八千之影《ヲ》、瑤圖不動《シテ》見黄河一淸之色《ヲ》、又所行者法蘭常客《ノ》、法輪久轉達龍花三會之《ノ》曉《ヲ》、成現當二世願而已、

熊野山略記第三

(以上一巻)

あとがき

「熊野」という地名は他所《よそ》の人、とりわけ大都会に住む人にとっては格別な響きをもつらしい。「熊野。いいなあ。行きたいけれど、遠いからなあ」。東京の友人からそんな言葉を何度か聞いた。

「熊野」の語感に、何か生死と関わる理念的な意味合いを感じる向きもあるようだ。昔から熊野は「死霊の集まる国」「いや、死や窮地から再生する（黄泉還《よみがえ》る）ところ」「権力や権威に『まつろわぬ（言うことを聞かない）』者たちのふるさと」などと言われてきた。日々、自分の周りに神経を凝らして暮らしているなかで、「熊野」にはいっとき人びとの視線を遠くに投げさせる何かがあるのかもしれない。

新聞社を退職後、生まれ育った東京を離れ、奈良県明日香《あすか》村を経て三重県熊野市波田須《はだす》町に夫婦で移り住んだ。傾斜地に建つ借家の窓から熊野灘を眺める生活も十一年目に入った。

私はこれまで「熊野とは何か」それも「自分にとって熊野とは何か」を考えてきた。そのために、女神イザナミをキーワードに熊野の「母性」を見つめたり、仏教伝来以前の祈りの風景を想起させる社殿のない神社を巡ったりした。

水平線に黒潮が滔々《とうとう》と流れる。太古の昔から様々な思想・神話・文物・技術、そしてそれらをもたらした人びとを運んできた「不眠不休の海のベルトコンベア」だ。黒潮と並ぶ大暖流であるメキシコ湾流が沖を洗うアイルランド・スコットランドには熊野に似た気質、観念、雰囲気があるかもしれない、と二度に分けてドライブし、エッセーにまとめたこともある。

私は新聞記者だったから、抽象論ではなく実際に自分の目で見たことを具体的に書くよう心掛けてきた。とはいえ熊野には「どこかほっとさせる」「肩の力を抜いてもいいよ、と言われているような」ものがある。実証しにくいが、それは何だろう。


職場でも学舎でも、私たちは「弱みや隙を見せず」「周囲に好印象を与え」「できれば満点を取る」よう努力する。コスモス（秩序）を重んじ、カオス（混沌）は排除すべきだ、という空気もある。そんな中での生活は疲れる。

人物でも芸術でも建築物でも、「欠点が見当たらない」「完璧な作品」「完全な美」に接すると、その美しさにあこがれ、感心し、立派だと思う半面、どこかよそよそしさ、冷たさを感じるのは私だけではあるまい。それより、ちょっといい加減だったり、間が抜けていたり、どんぶり勘定だったりしたほうに安心感、温かさ、居心地の良さを感じることが少なくないのは、人が「コスモスとカオス」「建前と本音」を併せ持つ存在で、ときに前者から逃げ出したくなるからだろう。旅先で、ゴミひとつ落ちていない整然とした町から国境を越えて喧噪《けんそう》の巷《ちまた》に足を踏み入れると、（スリに気を配りつつ）どこかほっとする。そんな心境にも通じる。

熊野はどんな宗教も、女性でも、病者でも懐深く受け入れてきた、とよく言われる。本宮近くまでたどり着いた和泉式部が「月の障《さわ》り」となり参拝を諦めようとした。その夜の夢に熊野権現が現れ「もとよりも塵《ちり》にまじはる神なれば月のさはりもなにかくるしき」と告げたので参拝できた、という話は有名だ。

でも実際は、「赤不浄」とわかれば案内の先達《せんだつ》が旧社地・大斎原の脇を流れる音無川《おとなしがわ》を渡ることを止めただろうし、不治の業病《ごうびょう》者の多くは川の手前や、山一つ隔てた湯峯《ゆのみね》温泉から本宮の本地仏である阿弥陀如来に祈ったのではなかろうか。仏を遠ざけた伊勢神宮の禰宜《ねぎ》が朝熊山《あさまやま》に経を埋め極楽往生を願ったように、「建前」を重んじた伊勢にも「本音」があり、「本音」を売り物にした熊野にも「建前」はあった。私たちは心の中に「伊勢と熊野」の双方を持ち合わせているのである。

そんななかで熊野の地が私を「ほっとさせる」のは、本音や混沌（坩堝《るつぼ》のような入り混じり）をあえて隠したり、避けようとしたりしない、その有り様に惹《ひ》かれるからだ。本書に「ごった煮のおもしろさ」という副題を付けたように、それが『熊野山略記』という古文書に引き寄せられた理由でもある。

第一部として、私がこの文書に興味を覚えた点や自分なりの見解などをいくつかの項目に仕立てたが、なお、意味がよくわからない記述、分け入って調べてみたい事柄は少なくない。たとえば、①中近世の熊野修験者について、その修行や行事の実態、どんな基準でどこからどの階位に昇格するのか、②「伊勢熊野同体論」は三山の周辺や伊勢でどう受け止められていたか、③三山の共通点・相違点が列挙されている。それぞれにどのような背景があるのか。とりわけ「男女共住」の有無や推移、④那智山の「七木、七石（岩屋）、七水」など聖所は今どこまで判別できるのか、などに興味を覚える。

第二部の「読み下し」については、果たしてそれでいいのか心もとない箇所もある。読者のご指摘を待ちたい。

本書をまとめるにあたって、友人、知人からご教示を賜ったり、考えるヒントを与えていただいたりしたが、とりわけ次の方々のお世話になった。お礼申し上げたい。

大河内智之氏　坂本勲生氏　阪本敏行氏
神保圭志氏　蘇理剛志氏　松本純一氏　山﨑泰氏
熊野市立図書館の司書の皆さん

また、所蔵する『熊野山略記』の写本翻刻の転載を許可してくださった熊野那智大社にもお礼を申し上げる。

出版は拙著『熊野から海神《うながみ》の宮へ』『一遍上人と熊野本宮』に続いて、はる書房にお願いした。手間のかかる作業を引き受けてくださった佐久間章仁氏に感謝したい。

二〇二一年二月

桐村　英一郎

【著者略歴】

桐村英一郎（きりむら・えいいちろう）

1944年生まれ。慶應義塾大学経済学部卒。朝日新聞社入社後、ロンドン駐在、大阪本社、東京本社経済部長、論説副主幹などを務めた。2004年11月末の定年後、奈良県明日香村に移り住み、神戸大学客員教授として国際情勢、時事英語などを教える傍ら古代史を探究。2010年10月から三重県熊野市波田須町に住んでいる。三重県立熊野古道センター理事。

著書・『もうひとつの明日香』（岡西剛・写真、青娥書房、2007年）、『大和の鎮魂歌―悲劇の主人公たち』（塚原紘・写真、青娥書房、2007年）、『ヤマト王権幻視行―熊野・大和・伊勢』（塚原紘・写真、方丈堂出版、2010年）、『熊野鬼伝説―坂上田村麻呂 英雄譚の誕生』（三弥井書店、2012年）、『イザナミの王国　熊野―有馬から熊野三山へ』（塚原紘・写真、方丈堂出版、2013年）、『古代の禁じられた恋―古事記・日本書紀が紡ぐ物語』（森話社、2014年）、『熊野からケルトの島へ―アイルランド・スコットランド』（三弥井書店 、2016年）、『祈りの原風景―熊野の無社殿神社と自然信仰』（森話社、2016年）、『熊野から海神の宮へ―神々はなぜ移動するのか』（はる書房、2018年）、『一遍上人と熊野本宮―神と仏を結ぶ―』（はる書房、2019年）『木地屋幻想―紀伊の森の漂泊民』（七月社、2020年）。

共著・『昭和経済六〇年』（朝日選書、1987年）。

ごった煮のおもしろさ『熊野山略記』を読む
二〇二一年四月八日　初版第一刷発行
著　者　桐村英一郎
発行所　株式会社はる書房
〒一〇一-〇〇五一　東京都千代田区神田神保町一-四四　駿河台ビル
電話・〇三-三二九三-八五四九　FAX・〇三-三二九三-八五五八
http://www.harushobo.jp
郵便振替　〇〇一一〇-六-三三三二七
史料提供　熊野那智大社
組　版　有限会社シナプス
装　丁　伊勢功治

ISBN978-4-89984-193-7